Entre cuisine et bambini

Stefano Faita

Entre cuisine & bambini

TRÉCARRÉ
Une compagnie de Quebecor Media

Données de catalogage avant publication de Bibliothèque et Archives nationales du Québec
et Bibliothèque et Archives Canada

Faita, Stefano
    Entre cuisine et bambini
    Comprend un index.
    ISBN 978-2-89568-446-6
    1. Cuisine italienne. 2. Enfants – Alimentation I. Titre.
TX723.F34 2009   641.5945   C2009-941700-6

Éditrice : Johanne Guay
Éditrice déléguée : Nathalie Savaria
Révision linguistique : Carole Lambert
Correction d'épreuves : Annie Goulet
Couverture : Chantal Boyer
Grille graphique intérieure : Kuizin et Chantal Boyer
Mise en pages : Chantal Boyer
Photographies : Claudine Sauvé
Illustrations : Alexandre Girard
Styliste culinaire : Anne Gagné
Styliste accessoires : Marie-Noëlle Klis
Collaboration aux textes
et traduction des recettes : Jean-François Boily

Remerciements
Les Éditions du Trécarré reconnaissent l'aide financière du gouvernement du Canada
par l'entremise du Programme d'aide au développement de l'industrie de l'édition
(PADIÉ) pour leurs activités d'édition. Nous remercions la Société de développement
des entreprises culturelles du Québec (SODEC) du soutien accordé à notre programme
de publication. Gouvernement du Québec – Programme de crédit d'impôt pour l'édition
de livres – gestion SODEC.

Les Éditions du Trécarré
Groupe Librex inc.
Une compagnie de Quebecor Media
La Tourelle
1055, boul. René-Lévesque Est
Bureau 800
Montréal (Québec) H2L 4S5
Tél. : 514 849-5259
Téléc. : 514 849-1388
www.edtrecarre.com

Dépôt légal – Bibliothèque et Archives nationales du Québec
et Bibliothèque et Archives Canada, 2009

ISBN : 978-2-89568-446-6

Distribution au Canada
Messageries ADP
2315, rue de la Province
Longueuil (Québec) J4G 1G4
Tél. : 450 640-1234
Sans frais : 1 800 771-3022
www.messageries-adp.com

Diffusion hors Canada
Interforum
Immeuble Paryseine
3, allée de la Seine
F-94854 Ivry-sur-Seine Cedex
Tél. : 33 (0)1 49 59 10 10
www.interforum.fr

À ma fille Emilia,

qui adore la purée bolognese

Sommaire

Préface

Fin avril 2009. Je me rends à l'aéroport, à la rencontre de mon frère Stefano que je n'ai pas vu depuis près de deux ans. J'ai des papillons dans l'estomac. Pourtant, j'ai vécu de pareils moments au moins une demi-douzaine de fois. C'est toujours à peu près la même chose : Stefano apparaît à travers les portes coulissantes et me dit : « Salut Cristina, ça va ? » Notre relation de frère et sœur reprend alors immédiatement son cours, comme si nous nous étions vus la veille. Pourquoi donc suis-je aussi nerveuse à l'idée d'aller à sa rencontre cette fois-ci ? Qu'est-ce qui a changé ?

Quelques minutes plus tard, j'ai la réponse à mes questions... Stefano a les traits légèrement tirés, mais il a l'air vraiment heureux. Il n'est plus tout à fait le Scorpion inquiet que j'ai connu ! D'entrée de jeu, il me dit : « La petite a été super dans l'avion, Cris ! » Il parle bien sûr de ma nièce Emilia, que je vois pour la première fois. C'est cette rencontre qui me rendait si nerveuse.

Une fois chez moi, nous commençons à cuisiner, comme nous le faisons toujours. Crissy à la mise en place et Stef à la cuisson. Nous buvons du *prosecco* et mettons notre bavardage à jour. Nos affaires de famille et notre vie personnelle sont indissociables de la nourriture. Notre passion de la cuisine nous réunit et nous caractérise : elle fait de nous des Faita...

Pour moi, les plus beaux moments du séjour de Stefano sont ceux où il s'est retrouvé dans la cuisine avec mon fils aîné, Gaiko. Je me suis alors rappelé les dimanches matin d'antan où ma mère cuisinait avec son petit garçon de quatre ans. Elena installait Stefano sur le comptoir et lui enseignait nos vieilles recettes familiales. En initiant mon fils à la cuisine, Stefano inverse les rôles, bien sûr, mais la volonté de poursuivre la tradition de génération en génération reste bien vivante.

Dans ce monde où tout va trop vite, je suis réconfortée par l'idée que la cuisine nous aide à conserver nos valeurs intactes. Aussi grand que tu deviennes, Stefano, tu seras toujours mon petit frère. J'espère que nous parviendrons nous aussi à insuffler nos traditions familiales à nos propres *bambini*.

En Italie, quand nous parlons de toi, nous te surnommons « Stef l'ouragan », parce que ta joie de vivre nous soulève et nous emporte... Je souhaite de tout cœur que cela ne change jamais !

Baci,

Crissy

La famille dans la cuisine

Pour commencer, j'aimerais remercier tous ceux et toutes celles qui m'ont soutenu et qui ont permis à mon premier livre, *Entre cuisine et quincaillerie*, de connaître assez de succès pour que j'aie la chance d'écrire celui que vous tenez aujourd'hui entre vos mains. Ce livre relatait l'arrivée de ma famille en terre québécoise et la manière dont la Quincaillerie Dante est devenue, avec le temps, un lieu où l'amour de la nourriture et de la cuisine a pris une place si essentielle que je suis moi-même devenu son serviteur! La nourriture, c'est la vie. On ne peut en douter.

Deux ans plus tard, me voilà en train de terminer l'écriture d'un second livre qui raconte... Qu'est-ce qu'il raconte? Il raconte certainement que je suis devenu père de famille. Parfois encore, j'ai peine à y croire. Dans ces moments-là, une bonne couche bien pleine a vite fait de me rappeler que je ne suis pas en train de rêver. La couche, c'est la vie aussi. On ne peut en douter!

Notre fille Emilia est née le 14 novembre 2008 et, depuis, plus rien n'est pareil.

Les choses ont changé, en mieux, bien sûr. À sa manière, ce livre témoigne des changements qui sont aussi survenus dans notre cuisine depuis que notre famille s'est élargie.

Au fil des pages, vous verrez ma fille grandir un peu. À mesure que nous avancions dans le processus d'écriture, ses cheveux poussaient, son univers s'agrandissait et ses yeux s'allumaient. Un jour, comme ça, en plus du lait maternel, Emilia a commencé à manger des purées. Désormais, j'ai pu moi aussi participer à son alimentation!

L'arrivée de ma fille n'a pas seulement changé ma vie, elle a changé ma manière de cuisiner. J'ai eu à organiser mon temps différemment, pour tenter de trouver l'équilibre. Et c'est un travail de longue haleine, croyez-moi! Auparavant, il m'arrivait souvent de passer deux heures à préparer un repas. Aujourd'hui, je suis très heureux quand je m'en tire en trente minutes. Mes sorties hebdomadaires au restaurant, quant à elles, sont souvent remplacées par des repas à la maison. J'adore inviter mes amis et les voir

cajoler Emilia. En plus de rendre ma fille heureuse, ils me donnent un moment de répit pour cuisiner !

Ce livre, donc, essaie d'aborder plusieurs facettes de la vie de parents modernes, à travers la lorgnette de la nourriture. Ainsi, l'une des recettes convaincra peut-être votre gardienne de changer une couche de plus ou de faire un peu de ménage. Un père célibataire y trouvera peut-être un plat qui fera le bonheur de ses enfants. Une mère en manque d'inspiration y puisera peut-être une idée pour ajouter un peu de couleur à la boîte à lunch de ses petits monstres. Grâce à ce livre, une famille aura peut-être l'idée d'organiser un grand barbecue de voisins dans son jardin. Ou peut-être seulement un brunch avec des proches. Un groupe d'amies décidera peut-être, aussi, qu'il est temps de se réunir et de potiner un bon coup ! Même chose pour les pères : ils ont peut-être besoin de passer une journée entre « boys », pour manger beaucoup et pour manger gras ! Peut-être...

Une chose est sûre, cependant, c'est que de précieux moments familiaux sont relatés dans ce livre. Dans le chapitre consacré aux plats des fêtes, on découvrira ma famille et celle de ma conjointe rassemblées autour d'un petit ange de dix livres, lors du premier Noël d'Emilia. En observant mes parents, ce soir-là, j'ai constaté que le bonheur des grands-parents est contagieux. Un autre chapitre nous emmènera en Italie, chez ma sœur, Cristina. En plus de rencontrer sa nièce, ma sœur a partagé avec nous son grand savoir-faire en cuisine. C'est ce qu'on appelle les bénéfices familiaux d'un livre inspiré par la vie de famille !

J'espère sincèrement que vous aimerez *Entre cuisine et bambini*. C'est un livre qui présente de la nourriture vraie, pour de vrais moments de vie. Par-dessus tout, ce qui compte pour moi, c'est que vous puissiez vous en servir pour faire plaisir à votre famille, proche ou élargie.

Stefano

Pour toutes les dents

Des purées savoureuses pour les bébés. Des petits plats ludiques pour les jeunes enfants. Cette section est destinée au plaisir des familles qui veulent bien manger en s'amusant. On y abordera de grandes questions existentielles... Comment faire manger des haricots à sa fille ? Comment faire aimer la morue à son neveu ? D'où viennent les légumes ? Les recettes présentées ici sont pensées pour plaire aux petits, mais, avec quelques ajouts et de simples modifications, elles sont aussi conçues pour convenir aux plus grands.

Purea di zucchine freschissime

Purée de courgettes fraîches

TOUS LES PARENTS veulent savoir exactement ce qui se retrouve dans la nourriture de leurs enfants. Personnellement, j'ai goûté à tout ce que ma petite fille a mangé depuis sa naissance, y compris le lait maternel (mais c'est une autre histoire, peu appropriée pour un livre de recettes !). Voici la première de deux délicieuses purées qui ont su faire le bonheur de ma petite Emilia. J'espère que la réaction sera la même dans vos chaises hautes respectives !

Ingrédients   350 ml

600 g (1 ⅓ lb) de courgettes

60 ml (4 c. à soupe) d'huile d'olive

1 gousse d'ail entière grossièrement écrasée

15 ml (1 c. à soupe) de persil haché

15 ml (1 c. à soupe) de menthe hachée

1. Laver les courgettes à l'eau froide et les couper en tranches ou en petits bâtonnets.
2. Chauffer l'huile dans une sauteuse et y faire brunir la gousse d'ail. Ajouter les courgettes et laisser cuire environ 10 minutes.
3. Assaisonner avec les herbes hachées et retirer la gousse d'ail du mélange.
4. Passer le tout au robot culinaire pour en faire une purée.

Truc

Si vous voulez cuisiner à la fois pour vos enfants et pour vous, assaisonnez le mélange de sel et de poivre après avoir retiré la portion destinée aux petits. Si vous apprêtez des pâtes avec ce plat, ajoutez un peu de fromage pecorino râpé au moment de servir. Cette purée est aussi un excellent accompagnement pour les grillades.

Purea di borlotti e vegetali

Purée de fèves borlotti aux légumes

CETTE SECONDE PURÉE est inspirée d'un plat de mon enfance. Ma grand-mère faisait une soupe avec les mêmes ingrédients. Son secret était de mettre des croûtes de parmesan dans la soupe pendant qu'elle cuisait. J'ai donc reproduit la recette et j'ai réduit la soupe en purée. Le succès fut instantané auprès de ma fille. J'imagine que sa mémoire génétique a su reconnaître la saveur familiale !

Ingrédients   750 ml

60 ml (4 c. à soupe) d'huile d'olive

1 demi-oignon émincé

400 g (14 oz) de fèves borlotti cuites

250 g (9 oz) de pommes de terre en dés

300 g (⅔ lb) de chou de Savoie haché

300 g (⅔ lb) de chair de citrouille en dés

4 feuilles de basilic hachées

400 ml (1 ⅔ tasse) de bouillon de légumes

1. Faire chauffer l'huile dans une marmite et y brunir l'oignon.
2. Ajouter ensuite tous les autres ingrédients et les recouvrir de bouillon de légumes. Laisser cuire le tout à petit frémissement jusqu'à ce que les pommes de terre soient tendres.
3. Quand la cuisson est terminée, réduire le mélange en purée. Séparer en portions pour bébés et congeler.

Truc

Vous pouvez préparer la recette avec des fèves en conserve. Ici encore, assaisonnez la purée de sel et de poivre si vous utilisez cette recette comme base d'un plat pour adultes. Ajoutez du riz ou des pâtes courtes au mélange, 10 minutes avant la fin de la cuisson, pour obtenir une bonne soupe consistante. Garnissez la soupe de parmesan et d'huile d'olive au moment de servir.

Le polpette di Nonna Elena

Les boulettes de nonna Elena

LORSQUE JE FAISAIS LA TOURNÉE de promotion de mon premier livre, une journaliste m'a demandé s'il y avait une recette que j'avais oublié d'inclure dans l'ouvrage. Je lui ai répondu du tac au tac : « Les boulettes de viande ! » Ma mère (comme toutes les mères !) faisait les meilleures boulettes de viande au monde. Nous étions tout excités, ma sœur et moi, quand elle nous en préparait. Quand nous étions très jeunes, ma mère nous servait les boulettes avec des pâtes. Par la suite, elle nous les mettait dans des sandwichs, pour nos lunchs à l'école. Il n'y a rien de meilleur qu'un sandwich aux *meatballs*... Les enfants en raffolent !

1. Préparer la sauce dans une grande casserole, en chauffant l'huile d'olive pour y faire revenir l'oignon et l'ail quelques minutes. Ajouter ensuite le coulis de tomates et le porter à ébullition. Assaisonnez de sel. Réduire l'intensité du feu et laisser mijoter environ 1 heure.
2. Pendant ce temps dans un grand bol, mélanger tous les ingrédients des boulettes. Saler au goût. Façonner ensuite des boulettes de la taille d'une balle de golf. (Vous pouvez enduire vos mains d'huile d'olive pour faciliter l'opération.)
3. Les ajouter à la sauce qui mijote et les laisser cuire jusqu'à ce que la sauce soit prête. Ajouter du basilic frais vers la fin de la cuisson de la sauce.

Ingrédients
environ 16 boulettes

BOULETTES

200 g (7 oz) de veau haché

200 g (7 oz) de porc haché

2 œufs

60 ml (¼ tasse) de persil italien haché finement

120 ml (½ tasse) de parmesan râpé

120 ml (½ tasse) de chapelure

60 ml (¼ tasse) de lait

60 ml (¼ tasse) d'huile d'olive

sel au goût

SAUCE

30 ml (2 c. à soupe) d'huile d'olive

1 demi-oignon haché finement

1 gousse d'ail dégermée hachée finement

2 l (8 tasses) de coulis de tomates (ou de tomates italiennes coupées en dés et broyées au robot)

quelques feuilles de basilic frais ciselées

sel au goût

Truc

Les enfants préfèrent les boulettes qui ne sont pas trop grosses, car elles sont plus faciles à manger. De plus, les petites boulettes sont parfaites pour les sandwichs. Pour les adultes, servez les boulettes avec des pâtes et accompagnez-les d'une simple salade verte.

Tortine alla ricotta

Petits gâteaux à la ricotta

TOUS LES ENFANTS QUE JE CONNAIS aiment les muffins et les petits gâteaux. Ce doit être une question de taille ! C'est pourquoi je me suis dit que cette recette nourrissante ferait plaisir aux petits. Ces gâteaux sont une collation parfaite, et ils deviennent vite un plat principal si on les sert sur un lit de rapinis ou d'épinards sautés. Pour les adultes, ajoutez à la préparation des cubes de pancetta ou de jambon.

1. Faire bouillir assez d'eau dans une casserole pour blanchir, de 2 à 3 minutes, tous les légumes coupés en dés. Égoutter les légumes et les réserver.
2. Dans une sauteuse, chauffer le beurre et l'huile d'olive pour faire revenir les légumes de 5 à 7 minutes, en les assaisonnant de sel et de poivre. Déposer les légumes dans une assiette et les laisser refroidir.
3. Pendant ce temps, préchauffer le four à 175 °C (350 °F).
4. Dans un bol, mélanger la ricotta, les œufs, le parmesan et le persil. Assaisonner de sel et de poivre. Ajouter ensuite les légumes en dés à l'appareil de fromage et bien mélanger le tout.
5. Beurrer des moules à gros muffins et y répartir le mélange. Cuire au four 30 minutes et servir les gâteaux tièdes.

Ingrédients   6 gâteaux

2 courgettes en petits dés
2 petites carottes en petits dés
2 petites pommes de terre en petits dés
1 branche de céleri en petits dés
15 ml (1 c. à soupe) de beurre
30 ml (2 c. à soupe) d'huile d'olive
sel et poivre au goût
350 g (¾ lb) de fromage ricotta
2 œufs
30 ml (2 c. à soupe) de fromage parmesan râpé
60 ml (¼ tasse) de persil italien haché finement

Truc

Vous pourriez servir ce plat sur un lit d'épinards sautés ou de bette à carde (garnie d'huile d'olive, de sel et d'un peu de jus de citron). Laissez s'exprimer votre créativité et faites plaisir aux petits avec des moules plus décoratifs. Rappelez-vous toutefois qu'un moule antiadhésif ou un moule de silicone vous facilitera grandement la vie.

LA Grande Rigolade

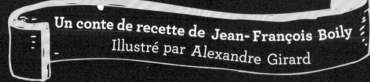

Un conte de recette de Jean-François Boily

Illustré par Alexandre Girard

Tom la Tomate et Pat la Patate sont voisins de potager. Ils aiment bien rigoler.

Tom et Pat sont nés à la campagne par un petit matin brumeux du printemps. Issu d'une famille nombreuse, Tom a poussé au troisième étage d'une vigne, tandis que Pat a pris racine dans un sous-sol peu éclairé.

Parfois, Pat taquine Tom parce qu'il est petit. En rigolant, elle l'appelle « tomate cerise ». Tom répond alors que Pat est une « pomme de terre » et qu'elle devrait arrêter immédiatement si elle ne veut pas finir en purée. Tom et Pat se traitent de fruits, parce que Madame Poulet leur a appris qu'il est impoli de traiter les gens de légumes.

Madame Poulet est l'Institutrice de Tom et de Pat. Elle leur a enseigné que les quatre saisons font la pluie et le beau temps. Pour Tom et Pat, c'est le plus important.

Madame Poulet est l'Institutrice, parce que le Fermier lui raconte une histoire chaque fois qu'elle pond un œuf. Comme le Fermier est très vieux, Madame Poulet connaît beaucoup d'histoires. Le Fermier sait tout et il peut tout faire, sauf la pluie et le beau temps.

Un jour, pour célébrer la fin de l'été, le Fermier décide d'organiser une grande fête dans sa cuisine. Tout le monde met ses plus jolis habits ! Tom porte son chandail rouge. Pat arrive en salopette brune. Céleri a des chaussettes blanches et de longs collants verts. Deux Carottes en robes orange ont attaché leurs cheveux avec une poignée de Roquette. Oignon porte une chemise si mince que tout le monde pleure de rire. Enfin, Poivron pointe sa grosse tête, en compagnie de Piment fort, un

petit cousin élégant qui a beaucoup de goût. Tom et Pat et tous leurs amis rigolent en faisant la ronde sur le comptoir.

Tout à coup, l'angélus sonne et le Fermier a très faim. Heureusement pour lui, la Fermière connaît tous les secrets de la cuisine ! La Fermière demande alors à Madame Poulet de sauter dans la marmite pour concocter son fameux bouillon. Madame Poulet accepte avec joie en enlevant son manteau de plume pour ne pas le salir. Tom, Pat et les autres légumes sont tellement contents qu'ils plongent en criant de joie dans le bouillon bouillant. On est si bien avec Madame Poulet.

De grosses bulles emplies d'odeurs du potager explosent tout autour. Tom et Pat ferment les yeux en pensant au soleil qui caresse et à la pluie qui chatouille. Le potage de la Fermière est merveilleux. Ému, le Fermier remercie tout le monde d'être aussi savoureux. Quand le Fermier prend une grande gorgée de potage, Tom, Pat et tous les amis du potager glissent dans son ventre en rigolant ! Ils sont si heureux d'être délicieux !

Après le repas, le Fermier et la Fermière vont se promener pour digérer. Main dans la main, ils regardent la lune. Dans le ventre du Fermier, de petits rires se font encore entendre. À chaque pas, Tom et Pat rebondissent joyeusement de gauche à droite ! Au moment de dormir, Tom et Pat rigolent tellement fort que le Fermier doit les forcer à sortir pour aller se coucher ! Tom et Pat acceptent bruyamment et vont finir la soirée dans les champs.

Depuis ce soir-là, après avoir mangé, les enfants et les petits-enfants de la campagne qui écoutent bien leur ventre peuvent entendre les rires de Tom la Tomate et de Pat la Patate qui s'amusent sous les étoiles...

Truc

Ne vous gênez pas pour ajouter ou
remplacer quelques légumes. Enfin,
si vous en avez le temps, essayez de
préparer vous-même votre bouillon.
En saison, prenez le temps d'aller visiter
(je sais que je me répète, mais cela
fait toute la différence) un producteur
maraîcher de votre région avec vos
enfants et faites-les cueillir quelques
légumes. Ils adoreront l'expérience !

Zuppa di ortaggi allo yogurt e rucola
Potage des récoltes au yogourt et à la roquette

J'ESPÈRE QUE VOS ENFANTS aimeront le conte inspiré par les ingrédients de cette soupe. C'est une façon pour moi d'intéresser les enfants à ce livre. J'espère qu'ils le feuilletteront souvent et qu'ils en saliront les pages avec leurs petits doigts pleins de nourriture !

Ingrédients   4 à 6 personnes

60 ml (4 c. à soupe) d'huile d'olive

1 oignon haché

1 petit piment fort haché finement

750 g (1 ⅔ lb) de tomates cerises coupées en deux

1 pomme de terre en cubes

1 poivron rouge en cubes

2 branches de céleri hachées

2 carottes hachées

sel au goût

750 ml (3 ⅛ tasses) de bouillon de légumes ou de poulet

100 g (3,55 oz) de yogourt nature de type balkan (6 % M.G.)

30 ml (2 c. à soupe) de jus de citron

1 poignée de roquette hachée finement

1. Chauffer l'huile d'olive dans une casserole et y faire revenir l'oignon et le piment fort. Ajouter le reste des légumes, assaisonner de sel et laisser cuire de 5 à 7 minutes.
2. Ajouter ensuite le bouillon et amener à ébullition. Quand le liquide bout, réduire le feu et cuire de 15 à 20 minutes supplémentaires.
3. Pendant ce temps, mélanger le yogourt et le jus de citron dans un petit bol. Réserver au réfrigérateur.
4. Retirer la casserole du feu et réduire la soupe en une purée onctueuse à l'aide d'un mélangeur à main. Poursuivre ensuite la cuisson à feu doux de 5 à 7 minutes.
5. Garnir chaque bol de roquette hachée et d'une cuillerée de yogourt. Servir la soupe chaude ou froide, comme bon vous semble.

Salsa cremosa ai peperoni rossi

Sauce crémeuse aux poivrons rouges

POUR VOS PETITS, voici une sauce pour les pâtes tout droit descendue du ciel. C'est Paulo, le cousin de ma conjointe, qui nous l'a fait goûter pour la première fois. Quand il était petit, il vivait en Italie, et sa mère la lui préparait souvent, car c'était sa sauce préférée. J'ai moi-même tenté l'expérience auprès des enfants, lors de la fête de mon neveu : ils en ont tous redemandé. Bref, une valeur sûre pour les petits et les grands.

1. Dans une grande casserole, chauffer l'huile d'olive pour y faire revenir l'oignon quelques minutes. Ajouter ensuite les poivrons et les laisser revenir quelques minutes supplémentaires.
2. Ajouter l'eau et les cubes de bouillon de légumes. Amener à ébullition avant de réduire le feu et de couvrir la sauce. Laisser mijoter à feu doux environ une heure.
3. Après une heure, retirer le couvercle et laisser mijoter à découvert une quinzaine de minutes supplémentaires.
4. Retirer la casserole du feu et réduire la sauce en purée à l'aide d'un mélangeur à main.
5. Remettre la sauce sur le feu et y incorporer le beurre, la crème et la muscade râpée. Assaisonner de sel et de poivre.
6. Laisser mijoter à feu doux quelques minutes pour que la sauce épaississe. Servir la sauce avec des pâtes courtes et garnir le tout de parmesan râpé.

Ingrédients — 6 à 8 personnes

- 45 ml (3 c. à soupe) d'huile d'olive
- 1 gros oignon jaune haché
- 4 à 6 gros poivrons rouges vidés et coupés en morceaux
- 180 ml (¾ tasse) d'eau
- 2 cubes de bouillon de légumes concentré
- 1 noix de beurre
- 125 ml (8 ⅓ c. à soupe) de crème 35 %
- ¼ de noix de muscade râpée
- sel et poivre au goût
- parmesan râpé

Truc

Les enfants adorent cette sauce, qui peut très bien être congelée et utilisée pour préparer un repas rapide, les soirs de semaine. N'oubliez pas, toutefois, d'ajouter la crème et le beurre au moment de réchauffer la sauce (et non avant de la congeler). Si vous préparez cette sauce pour les adultes, remplacez l'eau par du vin blanc et ajoutez un peu de piments forts, frais ou séchés, pour en relever la saveur.

Hamburger di merluzzo

Hamburgers de morue

LA MORUE ÉTAIT UN POISSON que nous mangions souvent à la maison, car c'est une des espèces les plus populaires dans la cuisine méditerranéenne. Lors des repas de fête, ma mère et ma grand-mère apprêtaient la morue de mille et une façons. J'ai choisi ici de transformer le burger de poulet classique en burger de morue. Un plat parfait pour regarder un film en famille !

1. Verser suffisamment d'eau dans une casserole pour y blanchir la morue. Ajouter les branches de romarin et porter l'eau à ébullition.
2. Quand l'eau bout, retirer le romarin et laisser cuire la morue de 5 à 7 minutes. Déposer ensuite la morue cuite dans un grand bol et la réduire en morceaux à l'aide d'une fourchette.
3. Ajouter la purée de pommes de terre, le persil et le parmesan. Bien mélanger, afin d'obtenir une purée compacte. Assaisonner de sel et de poivre.
4. Façonner 12 petites boulettes de style « hamburger ». Réserver.
5. Tremper les boulettes dans les œufs battus avant de les retourner dans la chapelure. (Répéter l'opération une deuxième fois pour obtenir des boulettes encore plus croustillantes.)
6. Verser suffisamment d'huile dans une poêle à frire pour que les boulettes soient couvertes à mi-hauteur. Frire les boulettes, en les retournant une fois, jusqu'à ce qu'elles soient bien dorées des deux côtés.
7. Égoutter les boulettes sur du papier absorbant pour en retirer l'excès d'huile.
8. Servir les boulettes tièdes, entre deux tranches de pain. Garnir de quelques tranches de tomates fraîches, de feuilles de laitue et d'un peu de mayonnaise.

Ingrédients — 12 hamburgers

Ingrédients
900 g (2 lb) de morue fraîche
2 branches de romarin
600 g (1 ⅓ lb) de pommes de terre bouillies en purée
60 ml (¼ tasse) de persil italien haché finement
60 ml (¼ tasse) de parmesan râpé
sel et poivre au goût
2 œufs battus vigoureusement
chapelure
huile d'olive pour frire les boulettes
tranches de pain
tranches de tomates fraîches
feuilles de laitue
mayonnaise au goût

Truc

Assurez-vous que la morue est aussi fraîche que possible. Vous pouvez utiliser de la morue séchée pour cette recette, mais laissez-la tremper de 36 à 48 heures (en changeant l'eau toutes les 8 heures) avant de la cuisiner. Vous pouvez aussi accompagner ces boulettes d'une sauce tomate maison.

Tiramisu ai lamponi e ricotta

Tiramisu aux framboises et à la ricotta

LE TIRAMISU est un dessert classique. Je vous en avais proposé un dans mon premier livre, que j'essaie de réinventer ici en lui donnant une touche estivale. Le mélange de ricotta et de yogourt devrait en faire un succès auprès de toute la famille. Ne vous gênez pas pour remplacer les framboises par votre garniture de fruits préférée... Le gâteau doit être aussi coloré que possible.

Ingrédients 4 à 6 portions

500 g (1 ⅛ lb) de ricotta

300 g (1 ¼ tasse) de yogourt nature

45 ml (3 c. à soupe) de miel

1 pincée de cannelle

45 ml (3 c. à soupe) de copeaux de chocolat noir

240 ml (1 tasse) de jus d'orange

200 g (7 oz) de biscuits Savoiardi (fermes) ou Pavesini (crémeux)

240 ml (1 tasse) de framboises

COULIS

175 g (6,22 oz) de framboises (en saison)

45 ml (3 c. à soupe) de jus de citron

45 ml (3 c. à soupe) de cassonade

1. Dans un bol, mélanger la ricotta, le yogourt, le miel, la cannelle et le chocolat.
2. Verser le jus d'orange dans un petit bol et y plonger rapidement les biscuits, pour ne pas les détremper.
3. Couvrir le fond d'un moule à gâteau rectangulaire (ou d'une coupe individuelle) d'une rangée de biscuits. Recouvrir les biscuits de quelques framboises et du mélange de ricotta.
4. Répéter l'opération, en terminant avec une couche de garniture à la ricotta. Laisser figer le gâteau 4 heures au réfrigérateur.
5. Pendant ce temps, préparer le coulis à l'aide d'un mélangeur à main, en ajoutant aux framboises le jus de citron et la cassonade. Passer le coulis au tamis pour en retirer les pépins.
6. Garnir le tiramisu de coulis de framboises.

Truc

Essayez de trouver de la ricotta très fraîche. Comme sa texture est granuleuse, vous devrez préférablement utiliser un mélangeur à main pour rendre la garniture parfaitement onctueuse.

Ghiacciolo al mango e fragole

Pops glacés à la mangue et aux fraises

SI ON VOUS DEMANDAIT quelle était LA friandise glacée la plus populaire quand vous étiez jeunes, vous répondriez probablement le Popsicle ou le Mr. Freeze. C'est en regardant les ingrédients sur les emballages de ces produits que je me suis dit que ce serait une bonne idée de vous en proposer une version un peu plus saine. Ces délices maison sont remplis de bonnes choses. Par contre, assurez-vous d'en préparer suffisamment, car ils créent rapidement une dépendance.

Ingrédients	6 pops glacés
1 grosse mangue	
480 ml (2 tasses) de fraises, du Québec préférablement	
jus de 1 grosse orange	
140 ml (½ tasse) d'eau	
6 feuilles de basilic hachées	

1. Peler la mangue et détailler ensuite la chair en morceaux et les déposer dans le bol du mélangeur. Réserver.
2. Nettoyer les fraises à l'eau froide et les équeuter avant de les couper en petits morceaux et de les mélanger avec la mangue. Réserver.
3. Ajouter ensuite le jus d'orange, l'eau et les feuilles de basilic dans le bol du mélangeur. Réduire le tout en une purée onctueuse.
4. Verser le mélange dans des moules et laisser figer au moins 6 heures au congélateur.

Truc

Si vous n'avez pas de moules, vous pouvez utiliser des petits verres (en n'oubliant pas d'ajouter des bâtonnets 30 minutes après avoir mis les verres au congélateur, pour qu'ils restent bien droits). Enfin, si vous préparez ce délice pour les adultes, rien ne vous empêche de remplacer l'eau par de la vodka !

La famille Boîte-à-lunch

L'exercice consiste ici à inventer quatre boîtes à lunch variées, nourrissantes et équilibrées pour sustenter une famille fictive au nom prédestiné, une famille qui pourrait bien exister. Monsieur occupe un emploi physique et mangerait un pied-de-biche quand midi sonne. Madame travaille dans un bureau et surveille assidûment sa ligne entre le classeur et la photocopieuse. Leur fils adolescent, en pleine croissance, doit se nourrir après une longue séance de skateboard. Leur fille, la petite, est pour sa part un peu difficile : elle aime échanger des éléments de son lunch dans la cour d'école. Voici donc quelques recettes de tous les jours qui laissent place à la créativité. En complément, des gâteries variées pour vous aider quand l'inspiration vient à manquer.

Frittata ai fusilli

Frittata aux fusilli

MA MÈRE PRÉPARAIT cette frittata au moins une fois par semaine et, le lendemain, j'en avais toujours dans ma boîte à lunch. Parce qu'elle contient des pâtes, vous n'aurez même pas besoin de pain. La saveur de la frittata est à son maximum quand elle est servie à la température ambiante.

Ingrédients — 6 personnes

| 120 ml (½ tasse) d'huile d'olive |
| 1 demi-oignon tranché finement |
| 80 g (2,84 oz) de tomates cerises coupées en deux |
| 100 g (3,55 oz) de pois |
| 100 g (3,55 oz) de jambon en cubes |
| sel et poivre au goût |
| 6 œufs |
| 400 g (14 oz) de fusilli cuits |
| 30 ml (2 c. à soupe) de persil haché |
| 100 g (3,55 oz) de fromage pecorino vieilli en cubes |
| 70 g (2,49 oz) de fromage parmesan râpé |

1. Dans une grande poêle, chauffer 60 ml (¼ tasse) d'huile d'olive pour y faire brunir l'oignon. Ajouter ensuite les tomates cerises et les pois.
2. Laisser revenir environ 5 minutes avant d'ajouter le jambon. Laisser cuire 2 minutes supplémentaires, en prenant soin de ne pas trop assécher le jambon pendant la cuisson. Assaisonner de sel et de poivre.
3. Retirer la poêle du feu et laisser refroidir le mélange de jambon et de légumes.
4. Battre les œufs dans un grand bol. Ajouter les pâtes, le persil et les deux sortes de fromage en mélangeant bien.
5. Faire chauffer le reste de l'huile dans une grande poêle de 32 cm (12 ¾ po). Pendant ce temps, incorporer les légumes au mélange d'œufs battus.
6. Verser tout le mélange d'œufs dans la poêle et laisser cuire jusqu'à ce que le fond soit bien croustillant et le liquide soit quasiment figé. Retourner la frittata (dans une grande assiette) et la remettre dans la poêle pour qu'elle cuise de l'autre côté.

Muffins aux pêches et au yogourt

SI LE CHIEN est le meilleur ami de l'homme, j'oserais dire que le muffin est le meilleur ami des enfants ! Un seul suffit pour agrémenter la boîte à lunch de vos enfants mais, si vous leur demandez leur avis, deux, c'est mieux. N'oubliez pas qu'ils ont besoin d'une collation ET d'un dessert.

Ingrédients — 6 à 8 muffins

| 120 ml (½ tasse) de pêches au sirop |
| 75 ml (5 c. à soupe) de sucre |
| 3 œufs |
| 130 g (1 tasse) de farine blanchie |
| 5 ml (1 c. à thé) de poudre à lever |
| 180 ml (¾ tasse) de yogourt nature de type balkan (6 % M. G.) |
| zeste de 1 orange |
| 5 ml (1 c. à thé) de cannelle |
| 1 pincée de sel |
| sucre à glacer |

1. Préchauffer le four à 175 °C (350 °F).
2. Égoutter les pêches et les couper en petits cubes. Réserver.
3. Dans un bol, battre le sucre et les œufs à l'aide d'un mélangeur à main. Ajouter graduellement la farine et la poudre à lever au mélange.
4. Ajouter ensuite le reste des ingrédients, à l'exception des pêches et du sucre à glacer.
5. Graisser et fariner les moules à muffins.
6. Déposer environ 15 ml (1 c. à soupe) du mélange au fond de chaque moule. Ajouter ensuite 2 ou 3 morceaux de pêches dans chaque muffin et les recouvrir avec le reste du mélange.
7. Décorer chaque muffin avec un morceau de pêche. Cuire 30 minutes au four, ou jusqu'à ce qu'ils soient dorés.
8. Retirer les muffins du four et les laisser refroidir. Servir les muffins dans une assiette de présentation et les saupoudrer de sucre à glacer.

Trucs

FRITTATA
J'ai utilisé du fromage pecorino,
mais vous pourriez choisir un autre
fromage, pourvu qu'il fonde facilement et qu'il plaise à vos enfants !
Si vous voulez que votre frittata
soit dorée et croustillante, réduisez
l'intensité du feu pour que la cuisson
se fasse lentement.

MUFFIN
Cette recette est idéale pour les
enfants. Ils peuvent y mettre tous
les fruits au sirop qu'on trouve sur le
marché (poires, tangerines, ananas,
etc.). Cette excellente collation peut
aussi être faite avec des petits fruits
comme les fraises, les bleuets ou
les framboises.

Truc

TORTA

Choisissez vos pommes favorites pour cette recette. Il est également possible de varier les noix, puisque la plupart font l'affaire. Enfin, vous pouvez garnir ce gâteau d'une petite touche gourmande en préparant rapidement un glaçage à la crème (il suffit de mélanger du fromage à la crème, du beurre, un peu de vanille et du sucre à glacer).

Panini pour l'ado affamé

DU HAUT DE MON ÂGE ADULTE, je mange au moins trois ou quatre sandwichs chaque semaine… Imaginez ce qu'il en était quand j'étais adolescent. Ce sandwich peut sembler un brin compliqué, mais avec un peu de speck et les restes que vous trouverez dans votre frigo, vous devriez réussir à faire plaisir à vos enfants à l'heure du midi. Le seul bémol, c'est que leurs camarades de classe risquent d'être jaloux !

Ingrédients   1 panini

2 champignons portobellos

1 demi-poivron rôti

1 pain ciabatta

30 ml (2 c. à soupe) d'huile d'olive

15 ml (1 c. à soupe) de mayonnaise

4 tranches de speck ou de prosciutto

1 petite poignée de roquette

sel et poivre au goût

1. Retirer le pied des champignons et les faire sauter dans une poêle, de préférence striée. Couper les champignons en lanières. Faire de même avec le demi-poivron rôti.
2. Trancher le ciabatta en deux et badigeonner chaque moitié d'huile d'olive (des deux côtés).
3. Tartiner le pain de mayonnaise et y ajouter le speck, les champignons et le poivron. Dans la même poêle striée (ou dans un four à panini), faire griller le panini des deux côtés.
4. Pendant ce temps, napper la roquette d'huile d'olive et l'assaisonner de sel et de poivre. Ajouter la roquette au panini grillé à la toute fin, afin qu'elle reste bien croustillante.

Truc

Vous trouverez le speck dans la plupart des épiceries italiennes. Quand on parle de paninis, les combinaisons possibles sont infinies. Inspirez-vous de cette recette de base pour créer le panini de vos rêves !

Torta di mele della Nonna Angela

Gâteau aux pommes de grand-maman Angela

MA GRAND-MÈRE ANGELA, qui était aussi notre gardienne, nous faisait ce gâteau au moins une fois par semaine. Grâce à l'odeur de pommes et de cannelle qui embaumait sa maison, nous savions qu'elle l'avait mis au four. Nous savions aussi que nous en aurions dans notre boîte à lunch le lendemain !

Ingrédients   1 gâteau

15 ml (1 c. à soupe) de beurre

30 ml (2 c. à soupe) de chapelure nature

2 œufs

150 g (⅓ lb) de cassonade

100 g (3,55 oz ou 6 ⅔ c. à soupe) de yogourt nature

zeste de 1 demi-citron

60 ml (¼ tasse) de jus d'orange

250 g (1 ⅞ tasse) de farine tout usage

15 ml (1 c. à soupe) de poudre à lever

45 ml (3 c. à soupe) de cannelle

450 g (1 lb) de pommes Cortland coupées en petits cubes

100 g (3,55 oz) de raisins secs

100 g (3,55 oz) de noix hachées (amandes, noisettes, etc.)

1. Préchauffer le four à 175 °C (350 °F). Beurrer le fond d'un moule à gâteau de 20 cm (8 po) avant d'y déposer la chapelure.
2. Dans un grand bol, battre les œufs et la cassonade.
3. Ajouter le yogourt, le zeste de citron et le jus d'orange. Continuer de battre le mélange jusqu'à ce qu'il soit homogène.
4. Mélanger la farine et la poudre à lever avant de les ajouter progressivement au mélange liquide en fouettant pour que le tout reste homogène.
5. Ajouter ensuite la cannelle, les pommes, les raisins et les noix. Bien mélanger.
6. Verser la préparation dans le moule et cuire 50 minutes.

Insalata di ceci e tonno

Salade de pois chiches et de thon

CETTE RECETTE EST DÉDIÉE aux mères qui manquent de temps et qui veulent manger, au travail, un plat rapide et savoureux. C'est une belle salade nourrissante qui leur donnera l'énergie nécessaire pour traverser la journée en beauté !

Ingrédients
4 personnes

4 œufs durs hachés

300 g (⅔ lb) de pois chiches cuits ou en conserve

1 poivron rouge coupé en lanières

1 poivron jaune coupé en lanières

200 g (7 oz) de thon en conserve, préférablement dans l'huile d'olive

10 feuilles de basilic hachées

15 ml (1 c. à soupe) d'origan séché

175 ml (¾ tasse) d'huile d'olive

60 ml (4 c. à soupe) de vinaigre de pommes

sel et poivre au goût

Mélanger tous les ingrédients dans un grand bol et servir.

Truc
Si vous n'aimez pas les œufs outre mesure, vous pouvez facilement les omettre dans la préparation. Une solution est de les remplacer par une tasse de croûtons maison. Si vous éprouvez des difficultés à préparer ce plat, vous devriez peut-être songer à ne pas cuisiner, tout simplement !

Ricotta dolce con frutta fresca

Ricotta sucrée aux fruits frais

CET ASSEMBLAGE est à mi-chemin entre le dessert et la collation. Ma mère préparait toujours ce petit plat pour ma sœur et moi… et elle s'en mettait toujours un bol de côté pour elle ! Si j'avais à décrire cette recette en trois mots, je dirais : facile, facile et facile. Et je tricherais en ajoutant : savoureuse !

Ingrédients
4 personnes

450 g (1 lb) de fromage ricotta

30 ml (2 c. à soupe) de sucre

fruits des champs frais (fraises, framboises, bleuets, etc.)

1. Répartir la ricotta au fond de bols individuels.
2. Saupoudrer le fromage d'une demi-cuillère à soupe de sucre et garnir le tout de fruit frais.

Truc
Si possible, trouvez de la ricotta fraîche. Mettez un bloc réfrigérant dans votre boîte à lunch pour garder ce dessert froid. Vous pourriez aussi garnir ce dessert d'amandes effilées.

Truc

POLPETTONE FACILE

Cette recette est parfaite pour les restes, que j'utilise toujours pour préparer des sandwichs : une tranche de pain de viande, un peu de sauce et de la verdure entre deux tranches de pain campagnard… Vos petits seront heureux comme des canards dans la mare !

Polpettone facile

Pain de viande facile

L'HOMME DE LA MAISON a le droit d'avoir dans sa boîte à lunch un repas un peu plus consistant. Et je dois vous avouer que ce pain de viande est encore meilleur le lendemain. Vous ferez des heureux à l'heure du midi !

Ingrédients   6 à 8 personnes

6 tranches de pain blanc imbibées de lait et égouttées

450 g (1 lb) de veau haché

450 g (1 lb) de bœuf mi-maigre haché

150 g (⅓ lb) de jambon cuit coupé en dés

90 ml (6 c. à soupe) de fromage parmesan râpé

1 poignée de persil italien haché

2 œufs

sel et poivre au goût

45 ml (3 c. à soupe) d'huile d'olive

2 carottes hachées

2 branches de céleri hachées

1 oignon de taille moyenne haché

120 ml (½ tasse) de vin rouge

1 boîte de 795 ml (28 oz) de tomates en dés Aurora

1. Dans un grand bol, mélanger le veau et le bœuf hachés, le jambon, le parmesan, le persil, les deux œufs et le pain. Assaisonner de sel et de poivre.
2. Mélanger tous les ingrédients avec les mains et former un pain.
3. Quand le pain de viande est façonné, faire chauffer l'huile d'olive dans une grande poêle et colorer le pain sur tous les côtés.
4. Enfourner le pain de viande à couvert 30 minutes à 200 °C (400 °F).
5. Sortir le pain du four et le recouvrir avec les carottes, le céleri, les oignons, le vin rouge et les tomates. Remettre le plat au four et poursuivre la cuisson à découvert environ 40 minutes.
6. Sortir le pain de viande du plat de cuisson. Réserver.
7. Verser la sauce dans un bol et la réduire en purée à l'aide d'un mélangeur à main. Couper le pain de viande en tranches et le garnir de sauce.

Insalata alla siciliana

Salade sicilienne

MON GRAND-PÈRE LUIGI mangeait régulièrement des oignons crus devant moi. Il me vantait les mérites des oignons pour la santé et j'en avais les larmes aux yeux ! C'est pourquoi j'ai décidé de vous proposer cette recette pour la boîte à lunch de l'homme de la maison, en accompagnement du pain de viande. Il n'aura qu'à ne pas trop souffler au visage de ses collègues pendant l'après-midi...

Ingrédients   4 personnes

200 g (7 oz) d'olives vertes dénoyautées et coupées en deux

2 branches de céleri en dés

1 demi-oignon rouge en tranches fines

1 gousse d'ail écrasée et non pelée

60 ml (4 c. à soupe) d'huile olive

30 ml (2 c. à soupe) de vinaigre de vin rouge

15 ml (1 c. à soupe) d'origan séché

15 ml (1 c. à soupe) de piments forts dans l'huile hachés finement

Mélanger tous les ingrédients dans un grand bol et laisser reposer une heure, à couvert, au réfrigérateur. Retirer la gousse d'ail écrasée de la salade avant de servir.

Truc

Je ne pense pas que je pourrais trouver une salade sicilienne plus typique que celle-là. Comme les olives vertes sont parfois un peu amères, vous pouvez, si vous le préférez, utiliser des olives noires. Une autre option intéressante consiste à remplacer le céleri par du fenouil. Utilisez les tiges et le bulbe et assurez-vous de le trancher finement (à l'aide d'une mandoline).

Gardons la gardienne !

Des études sérieuses et de nombreuses expériences parentales statistiquement significatives ont prouvé qu'il n'est pas facile de trouver une bonne gardienne fiable. Heureusement, il existe une méthode infaillible, éprouvée depuis longtemps, qui consiste à retenir les gardiennes par la panse. Voici donc une série de recettes agréables qui se conservent, se réchauffent, se congèlent, se grignotent et s'emportent. Des recettes pour avoir l'esprit tranquille.

Calzoni al pollo e funghi

Calzones au poulet et aux champignons

CES PETITES MERVEILLES, qui se dégustent en trois bouchées, sont riches et pleines de saveur. Tout ce que la gardienne aura à faire, c'est de les réchauffer un peu pour obtenir un moment de calme, même avec les enfants les plus turbulents !

PÂTE

1. Dans un grand bol, mélanger la farine et le sel. Dans un autre bol, mélanger l'eau chaude, l'huile d'olive et le sucre. Ajouter la levure et la laisser se dissoudre.
2. Ajouter le mélange liquide dans la farine et former une boule de pâte avec les mains. Pétrir de 5 à 7 minutes sur une surface farinée. Laisser reposer 30 minutes dans un bol, à couvert, dans un endroit tiède.

GARNITURE ET ASSEMBLAGE

1. Faire chauffer la moitié du beurre et de l'huile d'olive dans une poêle de taille moyenne.
2. Ajouter les oignons verts et les laisser revenir 2 ou 3 minutes. Mettre ensuite le poulet et le laisser cuire complètement. Assaisonner de sel et de poivre.
3. Verser le mélange de poulet dans un bol, en vidant bien la poêle. Réserver.
4. Faire chauffer ensuite, dans la même poêle, le reste du beurre et de l'huile d'olive. Ajouter les champignons et les laisser cuire jusqu'à ce qu'ils soient bien dorés. Mélanger les champignons au poulet.
5. Ajouter la béchamel au mélange de poulet et de champignons. Mélanger et réserver.
6. Préchauffer le four à 220 °C (425 °F).
7. Faire sortir l'air de la pâte en l'aplatissant avec les doigts. L'abaisser ensuite au rouleau, à environ 5 mm (⅜ po) d'épaisseur.
8. À l'aide d'un emporte-pièce rond de 9 cm (3 ½ po), en métal, couper autant de cercles que possible dans la pâte.
9. Former une seconde boule avec les retailles et l'abaisser avant de couper, encore une fois, autant de cercles que possible.
10. Déposer une cuillère à soupe de garniture au centre de chaque cercle de pâte. Badigeonner légèrement de blanc d'œuf la pâte autour de la garniture. Replier ensuite en deux pour former une demi-lune. Répéter l'opération pour chaque cercle de pâte.
11. Déposer les calzones sur une plaque de cuisson et les badigeonner de blanc d'œuf. Percer quelques trous dans la pâte à l'aide d'une fourchette.
12. Enfourner les calzones de 15 à 20 minutes, jusqu'à ce qu'ils soient bien dorés.

Ingrédients
environ 20 calzones

PÂTE

325 g (2 ½ tasses) de farine « 00 » ou tout usage

5 ml (1 c. à thé) de sel

125 ml (8 ⅓ c. à soupe) d'eau chaude

125 ml (8 ⅓ c. à soupe) d'huile d'olive

5 ml (1 c. à thé) de sucre

25 g (1 ⅔ c. à soupe) de levure de bière

2 blancs d'œufs battus (pour le pliage des calzones)

GARNITURE

30 ml (2 c. à soupe) de beurre

30 ml (2 c. à soupe) d'huile d'olive

8 oignons verts émincés

150 g (⅓ lb) de poitrine de poulet en petits cubes

sel et poivre

150 g (⅓ lb) de champignons de Paris tranchés

240 ml (1 tasse) de béchamel

30 g (4 ½ c. à soupe) de parmesan râpé

Truc

Les calzones sont toujours agréables à préparer, car, comme les pizzas, ils permettent d'utiliser à peu près n'importe quelle sorte de garniture. Cette garniture peut se conserver 2 ou 3 jours. Elle peut également être utilisée comme une sauce crémeuse pour les pâtes… Les enfants vont adorer, et la gardienne aussi !

Pasta al burro
Pâtes au beurre

J'AI DÉCIDÉ D'INTÉGRER cette recette à ce chapitre en me disant que si votre gardienne n'est pas capable de faire bouillir de l'eau et de faire fondre du beurre, vous devriez peut-être songer à en trouver une autre ! Si les petits sont difficiles, vous pouvez essayer de couper les spaghettini. Ce truc marchait pour moi, en tout cas...

Ingrédients   4 personnes

400 g (14 oz) de spaghettini

45 ml (5 c. à soupe) de beurre non salé

60 ml (6 c. à soupe) de parmesan râpé

sel et poivre fraîchement moulus

1. Faire bouillir les pâtes dans une grande marmite d'eau bien salée, en les mélangeant de temps en temps, jusqu'à ce qu'elles soient al dente.
2. Pendant ce temps, faire fondre le beurre à feu moyen dans une poêle. (Si nécessaire, retirer la poêle du feu en attendant que les pâtes soient cuites.)
3. Avant d'égoutter les pâtes, prélever 6 c. à soupe de leur eau de cuisson et les verser dans le beurre fondu. Égoutter les pâtes.
4. Faire chauffer le mélange de beurre et d'eau de cuisson à feu moyen. Ajouter les pâtes quand le liquide mijote.
5. Saupoudrer le fromage sur les pâtes et assaisonner de sel et de poivre au goût. Bien mélanger et servir les pâtes immédiatement, dans un bol chaud. Ajouter du fromage parmesan si désiré.

Truc
Vous pouvez utiliser n'importe quelle sorte de pâtes pour cette recette, qui, grâce à sa simplicité, est parfaite lorsque vos enfants sont entre deux activités parascolaires. Personnellement, j'adore la saveur du poivre frais avec ces pâtes, mais si vos petits ne sont pas d'accord, donnez-leur raison !

Rigatoni integrali con ricottata

Rigatoni de blé entier en ricottade

VOICI UNE AUTRE RECETTE de pâtes que la gardienne pourra préparer elle-même. Par contre, elle n'aura cette fois qu'à cuire les pâtes, car vous aurez préalablement concocté le mélange de sauce à la ricotta et vous l'aurez laissé reposer au réfrigérateur pour que les saveurs s'amalgament. Au moment de servir, la gardienne n'aura qu'à mélanger les pâtes chaudes à la sauce froide et hop... à table !

Ingrédients   4 personnes

150 g (⅓ lb) de ricotta fraîche

80 g (2 ⅖ oz) d'olives noires dénoyautées

1 demi-gousse d'ail

3 filets d'anchois

15 ml (1 c. à soupe) de câpres

5 ml (1 c. à thé) de menthe hachée ou de basilic frais

5 ml (1 c. à thé) de zeste de citron

5 ml (1 c. à thé) de piments forts hachés

120 ml (½ tasse) d'huile d'olive

400 g (14 oz) de rigatoni de blé entier

parmesan râpé (facultatif)

1. Broyer tous les ingrédients, sauf les pâtes et le parmesan, dans un mortier ou un robot culinaire. Verser ensuite la sauce dans un grand bol et la laisser reposer au réfrigérateur quelques heures (si possible).
2. Faire cuire les pâtes dans l'eau salée, jusqu'à ce qu'elles soient al dente. Quand elles sont cuites, incorporer les pâtes chaudes à la sauce froide.
3. Garnir les pâtes de parmesan râpé (si désiré) et servir.

Truc

Cette recette est parfaite pour les végétariens, et pour tous ceux qui veulent manger de façon saine. J'utilise ici des pâtes de blé entier, mais des pâtes ordinaires feraient aussi l'affaire. Cette sauce est idéale pour tremper des crudités !

Zuppa di Nonna Teresa

La soupe de ma grand-mère Teresa

QUI EST NONNA TERESA? C'est ma défunte grand-mère du côté maternel, qui a travaillé une grande partie de sa vie au marché Jean-Talon et qui cuisinait comme seules les grand-mères savent le faire. Cette délicieuse soupe était l'une de mes préférées, et, comme vous le voyez, je n'ai jamais cessé d'en manger. Quand la soupe est cuite, vous pouvez la conserver au réfrigérateur ou même la congeler. Il ne vous restera qu'à la réchauffer dans une petite casserole et le dîner sera servi !

1. Dans une grande casserole, faire revenir l'oignon 5 minutes dans l'huile d'olive. Ajouter les tomates et laisser cuire de 3 à 5 minutes.
2. Ajouter le céleri, les courgettes et les pommes de terre et laisser cuire de 5 à 7 minutes supplémentaires. Assaisonner de sel et de poivre et ajouter les herbes, en mélangeant bien.
3. Verser ensuite l'eau et porter à ébullition. Quand l'eau bout, réduire le feu et laisser mijoter à petit frémissement environ 40 minutes.
4. Pendant ce temps, battre les œufs et le parmesan dans un bol. Réserver.
5. Au terme de la cuisson, retirer la soupe du feu et y incorporer le mélange d'œufs et de parmesan en brassant vigoureusement.
6. Déposer un croûton au fond d'un bol et l'arroser d'une bonne louche de soupe chaude.

Ingrédients   6 à 8 portions

1 oignon émincé

75 ml (5 c. à soupe) d'huile d'olive

1 boîte de 398 ml (14 oz) de tomates en dés

2 branches de céleri en dés

3 courgettes en cubes

4 pommes de terre en petits cubes

sel et poivre au goût

45 ml (3 c. à soupe) de basilic

45 ml (3 c. à soupe) de persil

15 ml (1 c. à soupe) d'origan séché

1,4 l (6 tasses) d'eau

2 œufs

45 ml (3 c. à soupe) de parmesan

6 à 8 croûtons de pain grillés (pour le service)

Truc

Vous pouvez voir cette recette comme un canevas qui vous permet d'utiliser les légumes qui vous plaisent, tant que vous prêtez attention au temps de cuisson de chacun. Si vous préparez une grande quantité de soupe, pour la conserver plus longtemps, rappelez-vous qu'il faut ajouter les œufs battus et le parmesan uniquement au moment de servir. Surtout, n'oubliez pas le parmesan !

Truc
La clé du succès réside dans
la fraîcheur du poisson. Pour vous
faciliter grandement la vie, vous pouvez
demander à votre poissonnier de retirer
l'arête centrale de la lotte. Si vous
cuisinez pour des adultes, vous pouvez
déglacer la poêle avec un peu de vin
blanc avant d'y ajouter les pois
et les tomates.

Coda di Rospo ai sapori
Lotte aromatique

VOICI ENFIN UN POISSON qui peut mijoter
longtemps sans perdre sa consistance. Avec
sa chair texturée qui fond dans la bouche,
la lotte est le meilleur poisson pour ce plat.
En plus d'être très facile à préparer, cette
recette pourra être congelée et décongelée
en un rien de temps. Laissez une petite note
sur le frigo à l'intention de votre gardienne
et vous pourrez sortir l'esprit tranquille,
en sachant que votre famille mangera
bien, malgré votre absence. Rarement six
minutes au four micro-ondes auront-elles
eu un effet aussi thérapeutique !

Ingrédients   4 personnes

60 ml (4 c. à soupe) d'huile d'olive

4 filets d'anchois

1 oignon moyen tranché finement

1 gousse d'ail émincée

700 g (1 ½ lb) de lotte en cubes de 4 cm (1 ½ po)

300 g (⅔ lb) de petits pois sucrés congelés

1 boîte de 398 ml (14 oz) de tomates en dés

15 ml (1 c. à soupe) d'estragon haché

15 ml (1 c. à soupe) de menthe hachée

15 ml (1 c. à soupe) de persil haché

sel et poivre au goût

1. Dans une grande poêle, faire d'abord chauffer
   l'huile d'olive pour y faire fondre les anchois.
   Ajouter ensuite l'oignon et l'ail et les laisser cuire
   de 2 à 3 minutes.
2. Ajouter la lotte et poursuivre la cuisson à feu
   élevé, de 3 à 5 minutes. Mettre ensuite les pois
   et les tomates. Bien mélanger et porter le liquide
   à ébullition.
3. Quand le liquide bout, réduire le feu et laisser
   mijoter 20 minutes à petit frémissement,
   en mélangeant de temps en temps.
4. À la fin de la cuisson, garnir le plat avec les fines
   herbes hachées et assaisonner de sel et de poivre.
   Bien mélanger et servir.

Spezzatino sottobosco

Ragoût de veau des bois

Dans chaque chapitre de ce livre, il y a un plat que j'affectionne particulièrement. Puisque j'en parle maintenant, vous aurez deviné que cette recette de veau est mon plat préféré du chapitre consacré aux baby-sitters. En fait, ce ragoût est si délicieux que vous risquez d'avoir une douzaine de gardiennes qui viendront frapper à votre porte pour obtenir le poste !

Ingrédients   4 personnes

75 ml (5 c. à soupe) d'huile d'olive

700 g (1 ½ lb) de cubes de veau à braiser

2 gousses d'ail émincées

400 g (14 oz) de champignons mixtes (café, pleurote, shiitake) nettoyés et tranchés

650 ml (2 ⅔ tasses) de bouillon de bœuf ou de poulet

400 g (14 oz) de tomates cerises coupées en deux

45 ml (3 c. à soupe) de persil haché

15 ml (1 c. à soupe) d'origan séché

100 ml (6 ⅔ c. à soupe) de crème 35 %

40 g (1 ⅖ oz) de parmesan râpé

sel et poivre au goût

1. Faire chauffer l'huile d'olive dans une grande sauteuse. Déposer les cubes de veau et les saisir rapidement à feu élevé, des deux côtés, jusqu'à ce qu'ils soient bien dorés.
2. Ajouter l'ail et le laisser revenir 2 ou 3 minutes. Mettre ensuite les champignons et laisser cuire une dizaine de minutes supplémentaires.
3. Mouiller le tout avec le bouillon. Réduire le feu et laisser mijoter de 35 à 40 minutes, en ajoutant un peu de bouillon au cours de la cuisson, au besoin.
4. Quand la viande est bien tendre, ajouter les tomates cerises, le persil et l'origan et laisser cuire 5 minutes supplémentaires.
5. Pour terminer, mettre la crème et le parmesan. Assaisonner de sel et de poivre et poursuivre la cuisson de 8 à 10 minutes, toujours à feu moyen-doux. Servir chaud.

Truc

Doublez les quantités si vous voulez vous faire des réserves au congélateur. Selon moi, l'accompagnement parfait pour ce plat est la polenta, mais un lit de pâtes ferait aussi très bien l'affaire, car... tout est dans la sauce !

Tortello dolce al forno

Petits biscuits au four

DANS LES PETITS POTS, les meilleurs onguents. Il faudrait ajuster le dicton pour l'appliquer à ces délicieux biscuits. L'ingrédient principal qui assurera leur succès instantané est un péché mignon pour les petits et les grands. S'il y a quelqu'un parmi vous qui n'aime pas le Nutella, manifestez-vous… Allez, j'attends toujours !

1. Passer la farine et la levure chimique au tamis, au-dessus d'un grand bol. Incorporer ensuite à la farine les 3 jaunes d'œufs, le sucre et le beurre.
2. Sans tarder, façonner une boule de pâte avec les mains et la pétrir quelques minutes.
3. Emballer ensuite la pâte dans une pellicule plastique et la laisser reposer au réfrigérateur une vingtaine de minutes.
4. Préchauffer le four à 175 °C (350 °F).
5. Abaisser la pâte au rouleau, à environ 3 mm (⅛ po) d'épaisseur. Couper des cercles de pâte d'environ 8 cm (3 po) à l'aide d'un emporte-pièce en métal.
6. Former ensuite une seconde boule de pâte avec les retailles et l'abaisser avant de couper, encore une fois, autant de cercles que possible.
7. Déposer 2,5 ml (½ c. à thé) de Nutella au centre de chaque cercle de pâte. Plier ensuite en deux pour former des demi-lunes et écraser le rebord à l'aide d'une fourchette.
8. Déposer les biscuits sur une plaque de cuisson recouverte de papier parchemin et les badigeonner légèrement de blanc d'œuf. Cuire les biscuits au four de 15 à 20 minutes.

Ingrédients   50 à 60 biscuits

500 g (3 ⅘ tasses) de farine « 00 » ou tout usage

15 ml (1 c. à soupe) de levure chimique (poudre à pâte)

3 jaunes d'œufs

125 g (⅔ tasse) de sucre

100 g (3 ½ oz) de beurre en cubes à la température ambiante

1 pot de 400 g de Nutella

1 blanc d'œuf battu (pour badigeonner les biscuits)

Truc

Je serai honnête, cette recette est assez longue à préparer. Par contre, vous aurez des biscuits pendant une semaine (si vous les cachez très, très bien !). Vous pouvez remplacer le Nutella par n'importe quelle sorte de confiture, et c'est là une occasion parfaite pour mettre en valeur vos confitures maison. Enfin, ces biscuits doivent être accompagnés d'un grand verre de lait. C'est un ordre !

Torta alle nocciole

Gâteau aux noisettes

LES NOIX ONT TOUJOURS EU LA COTE dans ma famille. J'ai préparé ce gâteau onctueux, il y a quelques années, pour une soirée télé en compagnie d'un groupe d'amis. Ce fut un succès instantané. Une allergie aux noix est la seule chose qui pourra empêcher votre gardienne de se lancer dans ce gâteau à cuillère baissée. Il y a donc de bonnes chances pour qu'il soit à moitié mangé quand vous rentrerez de votre soirée. Vous n'aurez qu'à manger l'autre moitié avant d'aller vous coucher !

1. Séparer les blancs des jaunes d'œufs et les déposer dans deux bols distincts.
2. Battre les blancs à l'aide d'un mélangeur à main, jusqu'à ce qu'ils forment des pics fermes. Réserver.
3. Dans l'autre bol, battre les jaunes et le sucre. Ajouter le beurre et la levure en mélangeant bien. Réserver le mélange.
4. Passer les noisettes au robot culinaire et les hacher finement. Incorporer les noisettes hachées au mélange de jaunes d'œufs.
5. Plier les blancs d'œufs dans le mélange de noisettes. Verser ensuite le mélange dans un moule à gâteau graissé de 20 cm (8 po).
6. Cuire le gâteau 45 minutes au four à 175 °C (350 °F). Laisser refroidir avant de servir.

Ingrédients	1 gâteau
6 œufs	
200 g (1 ⅛ tasse) de sucre	
100 g (3 ½ oz) de beurre fondu	
1 sachet (16 g) de levure préparée	
300 g (⅔ lb) de noisettes	

Truc

On pourrait penser que ce gâteau est un peu sec, parce qu'il se prepare sans farine, mais c'est tout le contraire. Pour simplifier les manipulations et gagner du temps, vous pourriez acheter des noisettes en poudre. Essayez aussi d'utiliser un moule à charnières, car il vous facilitera grandement la vie au moment de démouler le gâteau. Si vous n'avez pas de levure, remplacez-la par 1 c. à soupe de poudre à lever et 1 c. à soupe d'extrait de vanille.

Brunch in the House

Avant la naissance de ma fille, j'organisais souvent des soupers, sans vraiment me soucier du soir de la semaine. Par contre, il me venait rarement à l'esprit de préparer un brunch le dimanche matin. Cette nouvelle façon de faire « postnocturne » semble toutefois très bien convenir à la vie de famille. Il est vrai que le quotidien avec les petits est un joyeux amalgame de corvées, de gardiennes, de tétées, de devoirs, de promenades, de sourires, d'accolades et d'une foule d'autres choses qui nous tiennent bien occupés. Dans ce contexte, le brunch devient une excellente façon de se réunir, au milieu du jour, quand tout le monde est en pleine forme.

Explosion de bleuets

RIEN NE SURPASSE un délicieux yogourt fouetté pour commencer la journée en beauté. Je ne suis pas particulièrement pieux, mais, chaque matin, je me prépare religieusement ce genre de boisson, dans laquelle on peut mettre à peu près tout ce qu'on veut. C'est aussi une bonne façon de faire manger des aliments nourrissants aux enfants.

Ingrédients	2 portions
240 ml (1 tasse) de yogourt de style balkan (6 % M.G.)	
30 ml (2 c. à soupe) de graines de lin moulues	
150 g (1 tasse) de bleuets frais	
1 banane	
30 ml (2 c. à soupe) de sirop d'érable	
120 ml (½ tasse) de lait de soya nature	

1. Déposer tous les ingrédients dans le récipient du mélangeur.
2. Mélanger le tout jusqu'à ce que la texture soit lisse et onctueuse.

Truc

Si vous préférez un cocktail glacé, utilisez des bleuets congelés ou ajoutez 2 ou 3 cubes de glace au mélange. Enfin, vous pourriez faire plaisir aux petits en congelant ce délice dans des moules à sucettes glacées. Ils en profiteront quelques minutes au lieu de quelques secondes !

Insalata di agrumi

Salade d'agrumes

SPONTANÉMENT, il ne nous vient pas nécessairement à l'esprit d'inclure les salades au menu des brunchs. Par contre, celle-ci me semble parfaitement appropriée pour l'occasion. Légère et fraîche, elle est à son meilleur quand le soleil de l'avant-midi perce mollement entre les rideaux pour éclairer doucement la table. Cette salade mettra vos invités en appétit.

Ingrédients	4 à 6 personnes
4 oranges	
1 petit fenouil finement tranché	
2 carottes en fines juliennes	
2 petits concombres libanais en fines rondelles	
zeste de 1 demi-citron	
30 ml (2 c. à soupe) de câpres hachées	
60 ml (4 c. à soupe) d'huile d'olive	
sel et poivre au goût	

1. Parer d'abord les oranges en suprêmes, en prenant soin de conserver le jus d'une des oranges. Réserver.
2. Déposer tous les légumes tranchés dans un saladier. Ajouter ensuite les suprêmes d'orange aux légumes.
3. Dans un petit bol, mélanger le jus d'orange avec le zeste de citron, les câpres et l'huile d'olive. Saler et poivrer. Fouetter le tout.
4. Ajouter la vinaigrette à la salade et bien mélanger.

Truc

Cette salade est délicieuse quand le fenouil est tranché très mince. Je vous recommande donc d'utiliser une mandoline (qui vous permettra, en outre, de réussir de superbes juliennes). Si vous peinez à apprêter les oranges en suprêmes, vous pouvez vous contenter de les couper en petits morceaux. Et ne vous privez pas d'essayer cette salade avec un saumon ou un calmar grillé.

Foglie di belga al salmone

Feuilles d'endives au saumon fumé

LA PLUPART DU TEMPS, quand je suis convié à un brunch, il y a du saumon fumé sur la table. Ce n'est pas moi qui vais m'en plaindre, soyez sans crainte. Par contre, je me suis dit que ce serait une bonne idée d'essayer d'être original avec ce grand classique des brunchs. J'ai alors pensé à une savoureuse garniture crémeuse, qui devrait rendre votre saumon fumé heureux comme un poisson dans l'eau.

Ingrédients
4 personnes

150 g (⅓ de lb) de saumon fumé

240 ml (1 tasse) de crème 35 %

30 ml (2 c. à soupe) d'oignon vert finement haché

30 ml (2 c. à soupe) d'estragon finement haché

30 ml (2 c. à soupe) de jus de citron

sel et poivre au goût

16 feuilles d'endives

quelques tiges de ciboulette

1. Couper d'abord le saumon fumé en tranches fines. Réserver.
2. Fouetter ensuite la crème et y incorporer tous les autres ingrédients, sauf les endives et la ciboulette. Réserver.
3. Laver les feuilles d'endives. Recouvrir chaque feuille d'une cuillère à soupe de mélange à la crème et y déposer une tranche de saumon.
4. Décorer les bouchées avec les tiges de ciboulette.

Truc
Si les feuilles de vos endives sont légèrement ramollies ou fanées, n'hésitez pas à les plonger dans l'eau glacée pour leur redonner vie. J'ai choisi d'utiliser de la crème 35 % dans cette recette, mais vous pourriez aussi prendre du fromage à la crème, ce qui rendrait la garniture beaucoup plus dense.

Piccole quiche ai peperoni

Petites quiches aux poivrons

LA QUICHE EST TOUJOURS très populaire. C'est, à mon avis, LA recette archétype quand on pense à préparer un plat aux œufs. Il m'a semblé plus intéressant, pour un brunch, de préparer des quiches miniatures plutôt qu'une grande tarte : toute la famille devrait aimer ces sympathiques petites quiches. Dans sa grande simplicité, cette recette possède une indéniable touche italienne.

PÂTE

Préparer d'abord la pâte, en passant tous les ingrédients au robot culinaire jusqu'à ce qu'ils soient bien mélangés. Déposer la pâte sur une planche de bois et former une boule. L'emballer dans une pellicule plastique et la laisser reposer une heure au réfrigérateur.

GARNITURE

1. Rôtir les poivrons sous le gril du four (ou sur le barbecue), et les laisser refroidir 20 minutes dans un bol recouvert d'une pellicule plastique. Retirer la peau et les pépins des poivrons avant de couper la chair en lanières. Réserver.
2. Dans un grand bol, mélanger les œufs, les poivrons, le fromage parmesan, le lait et la menthe. Assaisonner de sel et de poivre.
3. Abaisser la pâte et y couper de 10 à 12 cercles (d'un diamètre plus grand que celui des moules à muffins que vous utiliserez).
4. Préchauffer le four à 180 °C (350 °F).
5. Couvrir les moules à muffin avec les cercles de pâte et y répartir également les noix de pin et le fromage taleggio. Répartir ensuite la garniture d'œufs (sans trop remplir les moules).
6. Enfourner les quiches et les cuire de 20 à 25 minutes.

Ingrédients

10 à 12 quiches

PÂTE BRISÉE

195 g (1 ½ tasse) de farine

338 g (1 ½ tasse) de beurre en petits cubes

1 jaune d'œuf

100 ml (20 c. à thé) d'eau

sel

GARNITURE

1 poivron jaune

1 poivron rouge

4 œufs

70 g (⅔ tasse) de fromage parmesan râpé

90 ml (6 c. à soupe) de lait

1 poignée de menthe fraîche hachée

sel et poivre au goût

30 ml (2 c. à soupe) de noix de pin rôties

100 g (1 tasse) de fromage taleggio en cubes

Truc

Ces quiches miniatures sont parfaites pour le brunch, mais la recette en elle-même pourrait facilement être servie en plat principal. Soyez créatifs ! Vous pourriez, par exemple, remplacer le taleggio par un autre fromage qui fond facilement, tandis que la menthe pourrait céder sa place au basilic.

Frittatine rognose

Frittatines à la saucisse

PUISQUE LES BRUNCHS sont particulièrement appropriés pour les familles, cette
recette est destinée aux enfants autant
qu'aux adultes. Les frittatines sont de
petites frittatas qui, évidemment, peuvent varier en fonction de l'imagination
des cuisiniers. Demandez aux enfants ce
qu'ils ont envie d'intégrer au mélange et
ils se sentiront privilégiés.

Ingrédients	4 frittatines
225 g (½ lb) de saucisses italiennes	
60 ml (4 c. à soupe) d'huile d'olive	
1 petit oignon finement haché	
1 branche de céleri finement hachée	
sel et poivre au goût	
6 œufs	
30 ml (2 c. à soupe) de persil italien finement haché	
30 ml (2 c. à soupe) de parmesan râpé	
60 ml (4 c. à soupe) de lait	

1. Retirer la chair à saucisse des boyaux. Chauffer
   2 c. à soupe d'huile d'olive dans une poêle à frire
   et y colorer l'oignon légèrement. Ajouter le céleri
   et la chair à saucisse.
2. Laisser frire le mélange jusqu'à ce que la viande
   soit complètement cuite. Assaisonner de sel et de
   poivre. Réserver.
3. Battre les œufs dans un bol et y incorporer le
   reste des ingrédients, y compris le mélange de
   chair à saucisse.
4. Chauffer 1 c. à soupe d'huile d'olive dans une
   poêle de 18 cm (7 po) de diamètre.
5. Verser un quart du mélange d'œufs battus dans
   la poêle et le laisser cuire à feu moyen.
6. Retourner la frittatine dans une petite assiette
   quand sa partie supérieure commence à être
   ferme. Remettre la frittatine dans la poêle immédiatement et cuire l'autre côté de 3 à 5 minutes.
7. Répéter l'opération 3 fois, pour cuire l'ensemble
   du mélange. Servir !

Truc

Que ce soit pour la cuisson d'une frittata ou d'une frittatine, il est judicieux d'utiliser une poêle antiadhésive. J'ai réussi à trouver une poêle de 18 cm (7 po) pour ces frittatines, mais vous pourriez aussi opter pour de petits moules en métal, pour obtenir des portions individuelles dans une poêle plus grande. (Eh oui ! Si vous possédez des moules aux formes amusantes, voici une bonne occasion de les utiliser !)

Tarte aux légumes du dimanche

CETTE TARTE EST PARFAITE pour les brunchs, mais elle peut aussi être servie en guise de plat principal. Le lendemain, réchauffez-la quelques minutes au four micro-ondes pour obtenir un lunch parfait, à l'école ou au bureau. N'en doutez pas, vos efforts de pâtissier seront récompensés par une explosion de saveur.

1. Mélanger tous les ingrédients de la pâte dans un bol pour former une boule. Emballer la pâte dans une pellicule plastique et la laisser reposer une vingtaine de minutes.
2. Chauffer un peu d'huile d'olive dans une grande poêle et y faire revenir les tranches d'aubergine jusqu'à ce qu'elles soient dorées des deux côtés. (Il faudra peut-être répéter l'opération, car la poêle ne pourra contenir toutes les tranches en même temps.) Réserver les tranches d'aubergine sur du papier absorbant.
3. Dans la même poêle, faire frire les tranches de prosciutto jusqu'à ce qu'elles soient dorées et croustillantes. Réserver sur un papier absorbant.
4. Faire bouillir de l'eau dans une sauteuse et y ajouter du sel. Cuire les pommes de terre. Retirer les pommes de terre et cuire les courgettes jusqu'à ce qu'elles soient à la fois tendres et fermes. Réserver les légumes sur du papier absorbant.
5. Fariner une surface pour y abaisser la pâte. Rouler ⅔ de la pâte pour couvrir un moule à charnière de 26 cm (10 ¼ po) de diamètre. (La pâte devrait dépasser légèrement du moule.)
6. Garnir la pâte de la moitié des légumes avant de les recouvrir de la moitié du fromage, du prosciutto et des herbes. Répéter la séquence d'opérations en utilisant le reste des ingrédients.
7. Rouler le reste de la pâte pour couvrir la tarte. Replier la pâte dépassant du rebord du moule vers l'intérieur. Badigeonner la tarte de blanc d'œuf battu et la percer avec une fourchette pour que la vapeur s'échappe pendant la cuisson.
8. Préchauffer le four à 200 °C (375 °F) et y cuire la tarte environ 50 minutes. La laisser refroidir avant de la démouler, pour qu'elle soit plus facile à trancher. Servir tiède.

Ingrédients — 6 à 8 personnes

PÂTE
- 300 g (2 ⅓ tasses) de farine blanche
- 90 ml (6 c. à soupe) d'huile d'olive
- 30 ml (2 c. à soupe) de parmesan râpé
- 150 ml (10 c. à soupe) d'eau
- 1 pincée de sel
- 1 blanc d'œuf battu

GARNITURE
- huile d'olive
- 3 petites aubergines tranchées en longueur
- 150 g (⅓ de lb) de prosciutto tranché
- sel
- 3 pommes de terre moyennes tranchées en longueur
- 2 courgettes moyennes tranchées en longueur
- 2 poivrons rouges rôtis vidés, pelés et tranchés
- 100 g (3 ½ oz) d'épinards nains
- 200 g (7 oz) de fromage emmental tranché
- 5 tiges de thym finement hachées
- 6 à 8 feuilles de basilic finement hachées
- 15 ml (1 c. à soupe) d'origan séché

Truc

J'adore cette recette le matin, le midi et le soir ! En plus, vous pourrez y intégrer les légumes de votre choix. Assurez-vous seulement que les légumes soient préalablement cuits avant de les empiler dans la tarte. Si vous n'avez pas de moule à charnière, vous pouvez utiliser une assiette à tarte ordinaire. Vous devrez toutefois bien laisser refroidir la tarte pour qu'elle fige et soit facile à couper.

Truc

Assurez-vous d'acheter une bonne pièce de bacon que vous pourrez ensuite couper en tranches épaisses. J'ai choisi d'utiliser du fontina, mais vous pourriez prendre n'importe quel fromage qui fond facilement (les enfants préfèrent habituellement la mozzarella). Suivez les instructions attentivement, pour que votre pizza soit bien chaude et que les jaunes d'œufs soient coulants. Votre réputation de cuisinier ne peut qu'y gagner !

Pizza « deux œufs-bacon »

JE VOUS EN AI DÉJÀ PARLÉ plusieurs fois : mon amour de la pizza est infini. J'ai donc décidé de garnir une pâte à pizza avec des œufs et du bacon, en m'inspirant d'une combinaison matinale aimée de tous. Je vous avoue qu'il s'agit de ma recette préférée dans cette section dédiée au brunch. Les petits en raffoleront. Les grands en redemanderont. L'affaire est pizza !

Ingrédients	40 x 30 cm (16 x 12 po)
PÂTE (voir la recette p. 178)	
GARNITURE	
6 tranches épaisses de bacon coupées en deux	
45 ml (3 c. à soupe) d'huile d'olive	
6 à 8 feuilles de basilic finement hachées	
37 g (¼ tasse) de parmesan râpé	
225 g (1 ½ tasse) de fromage fontina râpé	
1 petite poignée de persil italien finement haché	
5 œufs	

1. Faire sortir l'air de la pâte en l'aplatissant avec les doigts. Abaisser la pâte et l'étendre sur la plaque à pizza.
2. Ajouter ensuite la garniture dans l'ordre suivant : filet d'huile d'olive, basilic, parmesan et fontina. Cuire au four 10 minutes à 250 °C (475 °F).
3. Entre-temps, séparer les blancs des jaunes d'œufs.
4. Après 10 minutes de cuisson, sortir la pizza du four et y ajouter le bacon. Laisser couler les blancs d'œufs en filet un peu partout sur la pizza.
5. Enfourner de nouveau et laisser cuire 5 minutes. Retirer la pizza du four et y disposer délicatement les 5 jaunes d'œufs (un près de chaque coin et un au centre). Saupoudrer avec le persil.
6. Enfourner la pizza une dernière fois et la laisser cuire de 3 à 5 minutes supplémentaires. (Le centre des jaunes d'œufs doit demeurer coulant.)

Rôti de porc et sa salade

QUE SERAIT UN REPAS du dimanche sans un rôti trônant en roi et maître au centre de la table ? Une salade et une garniture au yogourt viennent ici accompagner la viande, pour donner à l'ensemble une couleur convenant parfaitement aux brunchs. De plus, s'il vous reste de la viande, vous pourrez vous gâter le lendemain avec un délicieux sandwich.

CUISSON DU RÔTI

1. Assaisonner la pièce de viande avant de la saisir dans le beurre et l'huile pour lui donner une belle coloration sur tous les côtés.
2. Déglacer ensuite la marmite au vin blanc et y laisser cuire la viande à feu moyen, jusqu'à ce que le liquide soit complètement évaporé.
3. Ajouter le bouillon chaud dans la marmite, une louche à la fois, en le laissant s'évaporer avant de mouiller de nouveau. Laisser cuire le rôti de cette manière de 40 à 50 minutes.
4. Couvrir et laisser refroidir complètement. (Emballer le rôti dans un papier d'aluminium et le ranger au réfrigérateur s'il est préparé 2 ou 3 jours à l'avance.)

VINAIGRETTE

Mélanger le yogourt, l'huile d'olive et le gorgonzola à l'aide d'un mélangeur à main. Assaisonner de sel et de poivre.

DRESSAGE

Sur une assiette de service, disposer les tranches de rôti froid, les poires et la salade. Garnir le tout de vinaigrette au yogourt. Saupoudrer les noix en guise de décoration.

Ingrédients · 4 à 6 personnes

RÔTI

1 rôti de longe de porc de 1 kg (2 ¼ lb)

15 ml (1 c. à soupe) de beurre

30 ml (2 c. à soupe) d'huile d'olive

240 ml (1 tasse) de vin blanc

720 ml (3 tasses) de bouillon de légumes chaud

SALADE

200 g (⅞ tasse) de yogourt de type balkan (6 % MG)

150 g (⅓ lb) de fromage gorgonzola

45 ml (3 c. à soupe) d'huile d'olive

sel et poivre au goût

2 grosses poires abate en tranches fines

150 g (1 ⅓ tasse) de noix hachées

salade mixte : radicchio et roquette

Truc

Il est possible de couper les poires et le rôti en dés pour les mélanger à la salade. Garnissez la salade avec les noix restantes et la vinaigrette au yogourt, et ajoutez un trait de vinaigre balsamique vieilli pour relever le tout.

Crespelle al limone e ricotta

Crêpes au citron et à la ricotta

RARES SONT LES ENFANTS qui n'aiment pas les crêpes ! Je ne sais pas si c'est l'effet du sirop d'érable, mais elles font sourire les petits. Ces crêpes aux couleurs franchement italiennes fondent littéralement dans la bouche, pour le plus grand bonheur de tous. Je vous promets que vos enfants seront calmes pendant un moment. Vous pourrez alors profiter de cet instant de répit pour vous préparer une crêpe !

1. Dans deux bols, séparer les blancs des jaunes d'œufs.
2. Battre les blancs jusqu'à ce qu'ils forment des pics fermes. Réserver.
3. Combiner le reste des ingrédients aux jaunes d'œufs dans l'autre bol. Mélanger le tout pour obtenir une consistance onctueuse.
4. Plier les blancs d'œufs dans le mélange de jaunes et de ricotta. Laisser reposer au réfrigérateur 20 minutes.
5. À feu moyen, faire chauffer une poêle antiadhésive beurrée de 18 cm (7 po).
6. Verser ensuite une louche de mélange à crêpe dans la poêle. Retourner la crêpe quand son contour est doré et que des bulles commencent à se former à sa surface.
7. Laisser cuire la crêpe deux minutes supplémentaires. Servir avec du sirop d'érable.

Ingrédients — 12 crêpes

6 œufs

480 ml (2 tasses) de fromage ricotta

60 ml (4 c. à soupe) de sucre

le zeste de 4 citrons (ou de 2 oranges)

65 g (½ tasse) de farine

120 ml (½ tasse) de lait

Truc

Ces crêpes sont encore meilleures quand vous préparez le mélange à l'avance. Vous n'aurez qu'à le laisser reposer une nuit au réfrigérateur, recouvert d'une pellicule plastique.

Pour Noël

Il y a bien sûr les cadeaux et le regard pétillant des petits, qui tournent impatiemment autour de l'arbre. Il y a aussi tous ces plats que l'on mange uniquement dans la période des fêtes. D'une année à l'autre, ils deviennent une sorte de motivation et nous donnent envie de nous retrouver pour nous régaler en chœur. L'arrivée d'un enfant favorise également la rencontre des familles maternelle et paternelle. Dans notre cas, la naissance de notre fille a permis à deux styles de cuisine traditionnelle italienne de se côtoyer. Si j'avais abouti dans une famille québécoise de souche, j'aurais sans doute été un peu dépaysé par la tradition du buffet, des beignets et de la tourtière, mais l'Italie m'attendait dans le détour ! Voici donc un aperçu des classiques de Noël de deux familles, les Lemme et les Faita

Truc

Il est essentiel que votre pâte soit aussi onctueuse que possible. Vous ne voudriez pas que vos crispelle aient l'air de petits grumeaux frits dans l'assiette de service. Tâchez donc de trouver un endroit tiède pour que la pâte gonfle au maximum : sur le dessus du réfrigérateur, près d'une source de chauffage, sous la lumière du four.

Crispelle

DEPUIS QUE JE SUIS TOUT PETIT, je mange chaque année ces délicieuses bouchées. Cette recette particulière nous vient de la tante de ma douce moitié, qui prépare ses crispelle avec des raisins secs. Dans ma famille, on les cuisine avec des anchois, alors vous voyez que tout est possible...

Ingrédients	environ 30 crispelle
200 g (1 ⅓ tasse) de raisins secs	
15 ml (1 c. à soupe) de levure active	
5 ml (1 c. à thé) de sel	
15 ml (1 c. à soupe) d'huile d'olive	
480 ml (2 tasses) d'eau tiède (pour la pâte)	
375 g (2 ⅞ tasses) de farine tout usage	
huile de pépins de raisin (pour la friture)	

1. Dans un bol, hydrater les raisins en les immergeant environ 30 minutes dans l'eau tiède.
2. Pendant ce temps, dans un grand bol, bien mélanger tout le reste des ingrédients, sauf l'huile pour la friture, jusqu'à ce que la pâte soit onctueuse et qu'il ne reste plus de grumeaux.
3. Sortir les raisins de l'eau et les éponger avec du papier absorbant. Enduire ensuite les raisins de farine avant de les incorporer à la pâte.
4. Laisser reposer la pâte à couvert environ 45 minutes dans un endroit tiède. Le volume de la pâte devrait doubler.
5. Dans une casserole, chauffer l'huile à 190 °C (375 °F). À l'aide d'une cuillère à soupe, former de petites boules de pâte et les frire dans l'huile chaude.
6. Sortir les crispelle de l'huile quand elles sont bien dorées et les égoutter sur du papier absorbant. Servir immédiatement.

Frittura di sperlani

Éperlans frits

J'AI L'IMPRESSION que tout le monde aime la friture. Du moins, quand j'ai envie de manger quelque chose de frit, il est très difficile de m'en empêcher. Je suis bien tombé car, pour mon beau-père, c'est une tradition de servir des éperlans frits au repas de Noël. Ce n'est certainement pas moi qui vais essayer de lui faire changer ses habitudes !

1. Rincer d'abord les éperlans à l'eau froide avant de les égoutter sur du papier absorbant en les épongeant pour les sécher le mieux possible.
2. Rouler les éperlans dans la farine avant de les tremper dans les œufs battus et de les passer dans la chapelure.
3. Quand tous les éperlans sont bien enrobés de chapelure, les faire frire dans l'huile à 190 °C (375 °F) jusqu'à ce qu'ils soient bien dorés. Les égoutter ensuite sur du papier absorbant.
4. Déposer les éperlans sur une assiette de service et les assaisonner de sel de mer. Asperger d'un trait de jus de citron et servir.

Ingrédients 6 à 8 personnes

450 g (1 lb) d'éperlans frais nettoyés et vidés

480 ml (2 tasses) de farine tout usage

3 œufs battus

480 ml (2 tasses) de chapelure de pain nature ou assaisonnée

huile à frire

sel de mer

jus de citron

Truc

Choisissez les plus petits poissons disponibles, pour éviter d'être incommodés par les arêtes. Si votre hotte de cuisine n'est pas assez puissante pour aspirer toutes les odeurs de friture, vous pourriez installer la friteuse quelque part à l'extérieur.

Zuppa Agnonese

Soupe agnonese

LA PREMIÈRE FOIS que j'ai pris part à un repas dans ma belle-famille, tout le monde s'exclamait et s'emballait en parlant de cette soupe. Je ne suis pas, personnellement, le plus grand amateur de soupes, mais je dois avouer que celle-ci est phénoménale. Il s'agit ici encore d'une tradition familiale, qui vient cette fois de la petite ville d'Agnone, située dans la région de Molise. Le secret est dans le fromage.

1. Verser l'eau dans une grande marmite et y ajouter le chapon, les carottes, l'oignon et le persil avant de la porter à ébullition. Réduire le feu et laisser mijoter environ 2 heures à découvert.

2. Retirer tous les ingrédients du bouillon avant de le filtrer au tamis fin. Réserver.

3. Préchauffer le four à 200 °C (400 °F).

4. Tremper les tranches de pain dans les œufs battus et les cuire au four une vingtaine de minutes, jusqu'à ce qu'elles soient bien dorées. (Si votre four n'est pas assez grand pour cuire tout le pain en une seule fois, répéter l'opération.)

5. À l'aide d'un couteau dentelé, couper toutes les tranches de pain en petits cubes. Réserver.

6. Dans un bol, bien mélanger le veau, le parmesan et l'œuf. Façonner ensuite des boulettes miniatures avec ce mélange.

7. Dans une marmite, amener la moitié du bouillon à ébullition et y déposer les boulettes. Laisser cuire de 3 à 5 minutes (les boulettes doivent être entièrement cuites). Retirer les boulettes du bouillon et les réserver dans un bol.

8. Ajouter le reste du bouillon dans la marmite et porter à ébullition.

9. Pendant ce temps, déposer les cubes de pain, le fromage caciocavallo et les boulettes de viande dans un grand bol de service. Mouiller le tout avec le bouillon chaud.

10. À l'aide d'une louche, servir les convives en essayant de répartir les ingrédients également dans chacun des bols.

Ingrédients — 6 à 8 personnes

- 10 l (40 tasses) d'eau
- 1 demi-chapon
- 2 carottes
- 1 gros oignon
- 1 botte de persil italien
- 1 miche de pain italien tranché
- 12 œufs battus (pour le pain)
- 450 g (1 lb) de veau haché
- 200 g (1 ¾ tasse) de parmigiano reggiano râpé
- 1 œuf (pour les boulettes de viande)
- 400 g (14 oz) de fromage caciocavallo vieilli en petits cubes

Truc

Le fromage caciocavallo doit préférablement être vieilli pour donner à la soupe son goût prononcé. Achetez votre fromage deux ou trois semaines à l'avance et suspendez-le dans le frigo pour en durcir la croûte et en aiguiser la saveur. Vous pouvez préparer les trois garnitures à l'avance, mais laissez-les reposer à la température ambiante avant de servir.

Lasagna vegetariana alla ricotta

Lasagne aux légumes et à la ricotta

POUR MOI, UN REPAS DE NOËL sans lasagne maison est comme un cadeau sans emballage ou, pire, comme un jubé sans chorale. La lasagne traditionnelle de ma mère contient des œufs durs et des boulettes de viande, mais je suis sûr que vous la connaissez, car elle l'a déjà présentée à l'émission de Josée di Stasio. J'ai donc décidé de modifier un peu la recette pour en faire une lasagne végétarienne. Soyez avertis, cependant, que cette lasagne est si délicieuse que vos invités risquent de ne rien manger d'autre !

SAUCE

1. Dans une casserole de format moyen, faire sauter l'oignon dans l'huile d'olive.
2. Ajouter le céleri et la courgette et laisser cuire environ 5 minutes. Ajouter les champignons et laisser cuire 5 minutes supplémentaires.
3. Ajouter le coulis de tomates et assaisonner de sel. Amener à ébullition à feu élevé et laisser ensuite mijoter 45 minutes à feu moyen. À la fin de la cuisson, ajouter le basilic et laisser reposer à couvert une dizaine de minutes.

MONTAGE DE LA LASAGNE

1. Préchauffer le four à 190 °C (375 °F).
2. Recouvrir le fond du plat à lasagne de sauce. Étendre les lasagnes dessus et les recouvrir à leur tour d'une bonne quantité de sauce.
3. Étendre ensuite un peu de parmesan, de ricotta et de mozzarella. Répéter l'opération pour obtenir une lasagne de 5 ou 6 étages (en alternant, bien sûr, les pâtes, la sauce et le fromage).
4. Cuire la lasagne environ une heure au four. À la fin de la cuisson, laisser reposer une dizaine de minutes avant de servir.

Ingrédients — 6 à 8 personnes

1 oignon

45 ml (3 c. à soupe) d'huile d'olive

2 branches de céleri en dés

2 courgettes en dés

300 g (10 ⅔ oz) de champignons en dés

2 litres (8 tasses) de coulis de tomates

sel au goût

45 ml (3 c. à soupe) de basilic émincé

12 à 14 feuilles de pâtes à lasagne fraîches

360 ml (1 ½ tasse) de parmesan râpé

300 g (10 ⅔ oz) de ricotta

1 boule (environ 350 g ou 12 oz) de mozzarella râpée

Truc

Pour faciliter la recette, j'ai choisi de préparer cette lasagne avec des pâtes fraîches achetées. Par contre, vous obtiendrez de meilleurs résultats si vous préparez vous-mêmes vos pâtes. Assurez-vous que votre sauce tomate ne soit pas trop épaisse, car les pâtes fraîches ont tendance à absorber beaucoup de liquide.

Bietola e fave al pecorino

Bettes à carde et fèves au pecorino

JE NE CROIS PAS qu'il s'agisse d'un plat qu'on trouve habituellement sur les tables de Noël dans la tradition québécoise. Par contre, s'il existe un légume qui fait partie de nos repas des fêtes en famille, c'est bien la bette à carde. Ma mère en mettait toujours sur la table, dans sa forme la plus simple : blanchie, salée, nappée d'huile d'olive et mouillée d'un trait de jus de citron. J'ai pensé ajouter ici quelques petits éléments qui, je l'espère, sauront vous plaire.

Ingrédients
4 personnes

75 ml (5 c. à soupe) d'huile d'olive

3 gousses d'ail pelées et coupées en deux

15 ml (1 c. à soupe) de piments forts dans l'huile hachés finement

300 g (10 ⅔ oz) de bette à carde blanchie

255 g (9 oz) de haricots de Lima trempés et bouillis

sel et poivre au goût

75 ml (5 c. à soupe) de fromage pecorino romano râpé

1. Dans une grande sauteuse, chauffer l'huile d'olive et y ajouter l'ail. Quand l'ail est bien doré, retirer les gousses de l'huile et y ajouter les piments forts.
2. Ajouter la bette à carde et les haricots et laisser cuire de 3 à 5 minutes. Assaisonner de sel et de poivre.
3. Verser le mélange dans une assiette de service et garnir le tout de fromage pecorino. Servir chaud.

Truc

Quand vous achetez la bette à carde, assurez-vous que les tiges sont fermes et que les feuilles ne sont pas fanées. Pour varier, vous pourriez aussi choisir des variétés de bette à carde dont le pied est de couleur différente. Les haricots de Lima devraient tremper dans l'eau une douzaine d'heures.
Ils devront ensuite être bouillis approximativement 45 minutes.

Insalata ai peperoni quattro stagioni

Salade de poivrons quatre saisons

J'ADORE LES LÉGUMES, particulièrement quand il est possible de les mettre en conserve pour les savourer tout l'hiver. Quand je prépare cette salade pour nos repas des fêtes, j'ouvre habituellement quelques bocaux de poivrons marinés et je les mélange au reste des ingrédients pour créer une salade croustillante et fraîche. Je me suis dit que ce serait une bonne idée de vous proposer une façon de reproduire cette salade n'importe quand, que vous prépariez des conserves ou non !

Ingrédients	4 à 6 personnes
2 poivrons rouges	
1 poivron jaune	
960 ml (4 tasses) de vinaigre blanc	
480 ml (2 tasses) d'eau	
1 demi-fenouil tranché finement	
180 ml (¾ tasse) d'olives noires dénoyautées et coupées en deux	
sel au goût	
huile d'olive	

1. Laver les poivrons, les vider et les trancher en lanières.
2. Dans une casserole, faire bouillir le vinaigre et l'eau. Laisser cuire les poivrons quelques minutes pour qu'ils s'attendrissent mais gardent une certaine croustillance.
3. Retirer les poivrons du liquide et les laisser refroidir.
4. Mélanger ensuite tous les légumes dans un saladier. Saler et napper le tout d'un peu d'huile d'olive.

Truc

Si vous n'avez pas de fenouil sous la main, vous pouvez utiliser du céleri. Vous remarquerez une grande différence dans le résultat de la recette si vous utilisez une huile d'olive de bonne qualité.

Baccalà alla siciliana

Morue salée à la sicilienne

D'AUSSI LOIN QUE JE ME SOUVIENNE, la morue salée a fait partie du menu des fêtes dans ma famille. Je revois sans peine mon grand-père Vendittelli qui revenait du marché Jean-Talon les bras chargés d'un énorme filet de morue. Il le tendait alors à ma grand-mère pour qu'elle le coupe en morceaux qu'elle faisait tremper dans l'eau pendant deux jours. Nous mangions ensuite la morue frite, en salade ou en ragoût. La recette qui suit risque de créer chez vous une dépendance à la morue salée dès la première bouchée.

1. Dessaler d'abord la morue en la laissant tremper de 36 à 48 heures dans l'eau froide. Changer l'eau toutes les 8 heures.
2. Dans une grande sauteuse, chauffer l'huile pour y faire sauter les oignons environ 2 minutes. Ajouter le céleri, les tomates et 120 ml (½ tasse) d'eau. Porter à ébullition.
3. Couper la morue en gros morceaux. Ajouter la morue et les pommes de terre dans la sauteuse, en plus des olives, des câpres, des noix de pin et des raisins. Ajouter enfin le piment fort et assaisonner de sel, au besoin.
4. Laisser cuire 25 minutes à couvert, en brassant de temps à autre. (Si la sauce devient trop épaisse, ajouter un peu d'eau au cours de la cuisson.) Servir très chaud.

Ingrédients   6 personnes

1,12 kg (2 ½ lb) de morue salée

60 ml (4 c. à soupe) d'huile d'olive

2 oignons tranchés

2 branches de céleri en cubes

1 grosse boîte de 795 ml (28 oz) de tomates en dés

120 ml (½ tasse d'eau)

12 pommes de terre grelots coupées en deux

10 très grosses olives vertes dénoyautées en quartiers

45 ml (3 c. à soupe) de câpres

45 ml (3 c. à soupe) de noix de pin grillées

75 g ou 120 ml (½ tasse) de raisins dorés séchés

30 ml (2 c. à soupe) de piments forts dans l'huile hachés

sel au goût

Truc

Quand vous achetez la morue salée, assurez-vous que la chair est blanche et épaisse. Si elle trempe un peu plus longtemps, à la limite, ce n'est pas grave. Votre poisson sera bien juteux si vous le cuisez à couvert, car l'humidité ne pourra s'échapper.

Truc

Demandez à votre gentil boucher de
vous aider en enlevant pour vous l'os
du jarret. Quand le gigot est cuit,
n'oubliez pas de le laisser reposer de
10 à 15 minutes avant de le trancher.
Vous donnerez ainsi le temps au jus
contenu dans la viande de se répartir
dans toutes les fibres de la chair.
Bref, quand vous trancherez le gigot,
le jus sera dans la viande et non
dans l'assiette !
Enfin, si vous possédez un thermomètre
à viande, sachez que la cuisson de
l'agneau est parfaite lorsque le centre de
la pièce de viande atteint 140 °C (285 °F).

Stinco d'agnello ripieno di Elena

Gigot d'agneau farci d'Elena

POUR NOËL, L'AGNEAU DE DIEU. En cas de mort subite à table, ce rôti vous enverra directement au paradis. Cependant, je ne m'accorderai pas ici tout le crédit, car il s'agit de l'une des plus belles créations de ma mère Elena, qui avait conçu le plat pour notre école de cuisine. Ce gigot farci fait partie de nos classiques familiaux, un incontournable du repas de Noël.

Ingrédients	6 personnes
45 ml (3 c. à soupe) d'huile d'olive	
2 oignons moyens hachés	
3 pommes de terre blanchies	
30 ml (2 c. à soupe) de câpres	
30 ml (2 c. à soupe) de persil haché	
2 gousses d'ail hachées finement	
30 ml (2 c. à soupe) de romarin haché	
60 g (¼ tasse) d'olives noires dénoyautées tranchées finement	
2 petits piments forts hachés	
1 gigot d'agneau désossé	
sel et poivre au goût	

1. Chauffer l'huile d'olive pour y faire cuire les oignons jusqu'à ce qu'ils soient transparents. Passer ensuite les oignons, les pommes de terre, les câpres et le persil au robot culinaire. Réserver.
2. Dans un bol, mélanger l'ail, la moitié du romarin, les olives et les piments forts. Combiner les deux mélanges. Réserver.
3. Préchauffer le four à 200 °C (400 °F).
4. Inciser le gigot d'agneau sur le côté et le farcir avec le mélange. Ficeler la viande ensuite à l'aide de ficelle de boucher. Assaisonner de sel et de poivre.
5. Napper le gigot d'un peu d'huile d'olive et y ajouter le reste du romarin. Cuire au four de 40 à 50 minutes.
6. Sortir le gigot du four et le laisser reposer de 10 à 15 minutes à couvert (sous un papier d'aluminium) avant de le couper en belles tranches épaisses.

Involtone di tacchino delle Feste

Rouleau de Noël à la dinde

LA DINDE DE NOËL fait partie de la tradition de bien des familles. J'ai donc décidé de vous en proposer une petite variation savoureuse. Je vous l'avoue, je me suis servi trois fois. Il s'agit d'une recette facile qui peut être modifiée de mille façons. Elle est aussi parfaite pour la période des fêtes, car vous pourrez la préparer à l'avance. Vous passerez ainsi davantage de temps avec votre famille et vos amis.

1. Dans une sauteuse, chauffer 1 c. à soupe (15 ml) de beurre et la même quantité d'huile d'olive pour faire revenir les épinards blanchis et les piments forts. Assaisonner de sel et de poivre. Laisser refroidir.
2. Préchauffer le four à 200 °C (400 °F).
3. Insérer la pièce de dinde entre deux feuilles de papier parchemin (ou de pellicule plastique). À l'aide d'un rouleau à pâte ou d'un marteau de boucherie, écraser ensuite la viande pour qu'elle soit aussi mince que possible.
4. Dans un petit bol, mélanger les épinards, le pain, l'œuf, le parmesan et le fontina. Assaisonner d'un peu de sel et de poivre. Retirer la feuille de papier parchemin qui recouvre la dinde et assaisonner la viande de sel et de poivre.
5. Recouvrir la grande tranche de dinde des tranches de mortadelle avant de garnir le tout du mélange d'épinards. (Garder un espace libre de 2 cm sur le côté de la viande.)
6. Rouler doucement la viande pour former un paquet semblable à un rôti. Ficeler la dinde avec de la ficelle de boucher pour éviter qu'elle ne se déroule.
7. Dans une poêle allant au four, faire chauffer l'huile d'olive restante et colorer la dinde sur tous les côtés. Enfourner la dinde et la cuire de 40 à 50 minutes, en la retournant aux 10 minutes. En retournant la viande, l'arroser chaque fois d'une louche de bouillon de poulet.
8. Sortir la dinde du four et la déposer dans un plat de service. Laisser reposer à couvert de 10 à 15 minutes.
9. Porter le liquide restant dans la poêle à ébullition. Retirer ensuite la poêle du feu et y incorporer le beurre en fouettant, pour épaissir la sauce. Trancher la dinde et la garnir de sauce.

Ingrédients

4 à 6 personnes

45 ml (3 c. à soupe) de beurre

60 ml (4 c. à soupe) d'huile d'olive

300 g (10 ⅔ oz) d'épinards blanchis, égouttés et hachés, ou de bettes à carde

15 ml (1 c. à soupe) de piments forts séchés

sel et poivre au goût

1 kg (2 ¼ lb) de poitrine de dinde tranchée en un bloc épais

240 ml (1 tasse) de pain trempé dans le lait, égoutté et tranché en petits cubes

1 œuf

110 g (¾ tasse) de parmigiano reggiano râpé

112 g (¾ tasse) de fromage fontina râpé

10 à 12 tranches de mortadelle

750 ml (3 ⅛ tasses) de bouillon de poulet chaud

Truc

Pour varier, vous pourriez aussi ajouter des carottes en julienne (préalablement blanchies à la vapeur). En plus de la saveur, vous ajouteriez de la couleur. Demandez à votre boucher de vous couper un beau gros bloc de dinde, que vous pourrez ensuite aplatir à la maison. (Aplatir la viande est une activité bénéfique pour lutter contre le stress. Pensez à quelqu'un qui vous agace et vous vous sentirez soulagé !)

Crema di mascarpone agli amaretti

Crème de mascarpone aux biscuits amaretti

SI VOUS AIMEZ la crème fouettée, ce mélange devrait vous renverser. Vous risquez même de vous relever pour en redemander ! Cette crème peut aussi être utilisée comme garniture pour d'autres desserts, comme des gâteaux ou des tartes. Le parfait accompagnement pour notre fameux panettone !

Ingrédients	6 à 8 personnes
2 œufs	
60 ml (4 c. à soupe) de sucre	
500 g (1 contenant) de fromage mascarpone	
120 ml (½ tasse) de biscuits secs amaretti brisés	

1. Dans deux bols différents, séparer les blancs des jaunes d'œufs.
2. Battre les blancs en neige, jusqu'à ce qu'ils forment des pics fermes. Réserver.
3. Dans le second bol, battre le sucre et les jaunes d'œufs.
4. Ajouter le fromage mascarpone et les brisures d'amaretti dans le mélange de jaunes d'œufs.
5. Plier les blancs en neige dans le mélange de mascarpone.
6. Laisser figer 2 heures au réfrigérateur.

Truc

Il n'existe pas vraiment de truc pour réussir cette crème. Par contre, rappelez-vous que la saveur du mascarpone, sans les biscuits, est assez neutre. Alors, choisissez la saveur de votre choix et ajoutez-la dans le mélange !

Truc
Vous trouverez des pizzelle dans tous les bons magasins de spécialités italiennes. Utilisez-les pour préparer des sandwichs à la crème glacée, garnissez-les de confiture ou trempez-les dans un cappuccino pour déjeuner. Un régal !

Pizzelle

AVEZ-VOUS DÉJÀ MANGÉ des biscuits qui ressemblent à des flocons de neige ? Je vous donne la recette pour les préparer. Je sais bien que, sans l'appareil pour les mouler, il vous sera impossible d'obtenir le même résultat. Par contre, si vous passez par Montréal, je connais une excellente boutique de la Petite Italie, située à l'angle des rues Dante et Saint-Dominique, où vous pourrez vous le procurer ! Je sais que je prêche un peu pour ma paroisse, mais que voulez-vous ? La tradition, c'est la tradition...

Ingrédients	60 pizzelle
6 œufs	
360 ml (1 ½ tasse) de sucre	
240 ml (1 tasse) d'huile d'olive	
30 ml (2 c. à soupe) de graines d'anis	
une pincée de sel	
260 g (2 tasses) de farine tout usage	
30 ml (2 c. à soupe) de poudre à pâte	
un fer à pizzelle	

1. À l'aide d'un mélangeur à main, mélanger dans un bol les œufs, le sucre, l'huile d'olive, les graines d'anis et le sel.
2. Mélanger la farine et la poudre à pâte et les incorporer au mélange, en les passant au tamis pour éviter les grumeaux.
3. Battre de nouveau au mélangeur à main pour obtenir une pâte lisse et onctueuse. Laisser reposer 1 heure au réfrigérateur.
4. Faire chauffer le fer à pizzelle. Quand le témoin lumineux indique que la chaleur est suffisante, verser 15 ml (1 c. à soupe) de mélange dans chacun des moules. Refermer le couvercle et cuire de 3 à 5 minutes, jusqu'à ce que la pizzelle soit bien dorée et appétissante.
5. Retirer la pizzelle du feu et répéter l'opération avec le reste du mélange.

L'Italie en famille

Ma sœur, Cristina, est retournée s'établir dans la mère patrie il y a une dizaine d'années. Ce chapitre propose un survol de ce que nous avons mangé pendant notre séjour là-bas. Il présente des plats traditionnels du nord et du sud de l'Italie, ainsi que quelques délices provenant des Marches, la région où Cristina habite actuellement. Au cours des huit jours que nous avons passés à cuisiner chez ma sœur, j'ai pu jouer avec mes neveux, Giacomo et Geremia, ainsi que discuter longuement avec mon beau-frère, Giuliano. Ces moments sont précieux. Au-delà de leur saveur, les plats présentés dans ce chapitre sont réellement empreints d'esprit familial et, déjà, ils me rappellent une foule de souvenirs. Je dédie donc ce chapitre à ma sœur et à sa famille. Je pense souvent à vous et j'ai hâte que nous mangions de nouveau tous ensemble.

Cornetti con uva e pecorino

Salade de haricots aux raisins et au pecorino

MA MÈRE, ELENA, a mangé tellement de haricots pendant son enfance qu'elle a toujours refusé catégoriquement de nous en préparer avant que nous atteignions l'âge adulte. Pourtant, ma sœur et moi raffolons des légumineuses… C'est sûrement dû au fait que nous en avons été privés pendant notre enfance !

Ingrédients	4 personnes
225 g (½ lb) de raisins (verts avec les haricots blancs ; rouges avec les haricots rouges)	
225 g (½ lb) de haricots cuits (borlotti, cannelloni, spagna, etc.)	
100 g (22 oz) de fromage pecorino en dés	
150 g (⅓ lb) de radicchio haché finement	
1 petit fenouil tranché finement	
30 ml (2 c. à soupe) de ciboulette hachée	
45 ml (3 c. à soupe) de noix de pin rôties	
90 ml (6 c. à soupe) d'huile d'olive	
45 ml (3 c. à soupe) de vinaigre balsamique	
sel et poivre au goût	

Couper les raisins en deux et mélanger tous les ingrédients dans un grand saladier. Garnir la salade d'huile d'olive et de vinaigre balsamique. Assaisonner au goût.

Truc

Vous pouvez utiliser un autocuiseur pour cuire les haricots plus rapidement (après les avoir laissés tremper toute une nuit). Je mange souvent, en collation sur un croûton, des haricots assaisonnés d'huile d'olive et garnis de parmesan et d'origan accompagnés d'une bonne bière fraîche… Miam !

Sogliola del venerdi di Nonna Angela

La sole du vendredi de grand-maman Angela

QUAND J'ÉTAIS PETIT, les vendredis sans viande étaient toujours la norme chez ma grand-mère : nous mangions des frittatas aux épinards, des salades de thon, des potages aux légumes... Quand grand-maman nous préparait de la sole frite, nous lui demandions, en la suppliant, de nous servir une portion de sauce tartare, comme elle le faisait pour les grands. Pour des raisons nutritives, elle refusait. Elle nous donnait plutôt du pesto à la bette à carde !

Ingrédients   4 à 6 personnes

POISSON

180 ml (¾ tasse) de chapelure

75 g (2 ⅔ oz) de noix de Grenoble ou de noisettes hachées finement

30 ml (2 c. à soupe) de romarin haché

6 tranches de filet de sole

180 ml (¾ tasse) de farine

2 œufs battus

sel et poivre au goût

huile à frire

PESTO VERT

300 g (⅔ lb) de bette à carde blanchie

45 ml (3 c. à soupe) de parmesan râpé

30 g (¼ tasse) de noix de Grenoble concassées

60 ml (4 c. à soupe) d'huile d'olive

1. Passer la bette à carde, le parmesan, les noix et l'huile d'olive au robot culinaire pour obtenir le pesto. Réserver.
2. Préparer le mélange de chapelure, en y ajoutant les noix hachées et le romarin. Saler et poivrer.
3. Fariner les filets de sole avant de les tremper dans les œufs battus et de les rouler dans le mélange de chapelure aux noix. Frire les filets de sole dans l'huile chaude et les égoutter sur du papier absorbant lorsqu'ils sont bien dorés.
4. Garnir chaque portion de poisson d'une bonne cuillère de pesto.

Truc

Tous les poissons qui possèdent une chair floconneuse peuvent être apprêtés de cette façon. Vous pourriez remplacer le romarin par du thym ou de la sauge. Ce pesto de bette à carde peut également accompagner les poissons grillés ou cuits au four.

Fragole
al limoncello

Fraises au limoncello

CETTE RECETTE n'était pas prévue, encore moins cette rencontre. Anne, notre styliste culinaire et fidèle cliente de chez Nino, au marché Jean-Talon, a réussi à nous avoir une invitation à manger chez ce dernier. Nino, qui a racheté la maison familiale, séjourne plusieurs semaines par année dans les Abruzzes en compagnie de Line, sa douce moitié, qui nous a fait connaître cette recette. Merci, Line !

Ingrédients	4 personnes
450 g (1 lb) de fraises	
jus de 1 demi-citron	
30 ml (2 c. à soupe) de sucre	
60 ml (¼ tasse) de limoncello	
menthe fraîche ou basilic haché (pour garnir)	

Laver et équeuter les fraises. Mélanger les ingrédients dans un bol et laisser mariner 30 minutes au réfrigérateur. Servir dans une coupe et garnir de menthe ou de basilic.

Pizzoccheri della Valtellina

Pâtes au sarrasin de Valtellina

DANS LES MONTAGNES de la région de Bormio, nous faisons du ski toute la journée. Nous mangeons des sandwichs à la bresaola à l'heure du lunch, nous nous réchauffons l'après-midi avec de riches chocolats chauds et, le soir, nous nous régalons de délicieux pizzoccheri! Je ne crois pas qu'il soit possible de faire autrement. Valentina, une habituée de Bormio, me prodiguait justement ses conseils d'experte en pizzoccheri : « Il faut poivrer beaucoup, ne jamais enlever l'ail et, surtout, beurrer... beurrer en bonne quantité! »

1. Amener une grosse marmite d'eau à ébullition.
2. Saler l'eau bouillante avant d'y plonger les pommes de terre. Laisser cuire 8 minutes avant d'y ajouter le chou. Laisser cuire encore 5 minutes avant d'ajouter les pizzoccheri. Cuire à feu doux de 15 à 20 minutes supplémentaires.
3. Pendant ce temps, faire fondre le beurre dans une petite casserole et y ajouter l'ail, en assaisonnant généreusement de poivre noir. Laisser mijoter l'ail à feu doux, jusqu'à ce que la cuisson des pizzoccheri soit terminée.
4. Préchauffer ensuite le four à 180 °C (350 °F).
5. Bien égoutter le mélange de légumes et de pizzoccheri.
6. Recouvrir le fond d'un plat de cuisson de mélange de pizzoccheri, puis de tranches de fromage fontina. Saupoudrer de parmesan et arroser de beurre à l'ail.
7. Répéter l'opération jusqu'à ce que tous les ingrédients soient dans le plat de cuisson. Il faut obtenir 2 ou 3 étages de pizzoccheri, en terminant avec le fromage et un peu de beurre à l'ail.
8. Enfourner ensuite le plat quelques minutes, juste assez longtemps pour faire fondre le fromage. La cuisson au four ne devrait pas être très longue. Garnir de poivre frais et servir tiède.

Ingrédients — 6 personnes

- 800 g (1 ¾ lb) de pommes de terre pelées en cubes de taille moyenne
- 1 petit chou de Savoie, les feuilles déchiquetées
- 500 g (14 oz) de pizzoccheri
- 200 g (7 c. à soupe) de beurre
- 2 gousses d'ail en tranches minces
- poivre noir
- 600 g (1 ⅓ lb) de fromage fontina en tranches minces
- 75 g (5 c. à soupe) de fromage parmesan râpé

Truc

Les pizzoccheri sont des pâtes faites à partir de farine de sarrasin que vous trouverez dans la plupart des épiceries fines italiennes. Vous pourriez les remplacer par des pâtes multigrains, en ajustant le temps de cuisson en conséquence. Enfin, vous pourriez remplacer le fromage fontina par un autre fromage au goût prononcé qui fond facilement.

Ragu di coniglio in bianco

Ragoût de lapin au vin blanc

EN ITALIE, j'ai appris deux choses fondamentales pour la cuisine des sauces à la viande : d'une part, les tomates ne sont pas essentielles et, d'autre part, la viande hachée n'est pas la seule possibilité. En fait, les cubes de viande n'ont que des avantages, car ils intensifient le goût en plus d'améliorer la texture !

1. Dans une grande sauteuse, faire chauffer l'huile d'olive et y ajouter l'ail et le poireau. Laisser cuire suffisamment (environ 5 minutes) avant d'ajouter la pancetta, la carotte et le céleri.
2. Quand la pancetta commence à dorer, ajouter les cubes de lapin et les fines herbes. Assaisonner de sel et de poivre, et laisser cuire une dizaine de minutes à feu élevé.
3. Ajouter le vin blanc et laisser mijoter une dizaine de minutes supplémentaires. (Au total, le temps de cuisson pour cette recette devrait varier entre 20 et 30 minutes.)
4. Pendant ce temps, faire bouillir de l'eau salée pour y cuire les pâtes jusqu'à ce qu'elles soient al dente. Égoutter ensuite les pâtes et les incorporer à la sauce du ragoût.
5. Laisser cuire quelques minutes supplémentaires, en mélangeant bien, et servir.

Ingrédients — 4 personnes

- 90 ml (6 c. à soupe) d'huile d'olive
- 2 gousses d'ail écrasées
- 1 demi-poireau émincé
- 120 g (¼ lb) de pancetta
- 1 carotte en dés
- 1 branche de céleri en dés
- 600 g (1 ⅓ lb) de lapin en très petits cubes
- 30 ml (2 c. à soupe) de thym haché
- 30 ml (2 c. à soupe) de basilic haché
- 30 ml (2 c. à soupe) de romarin haché
- sel et poivre au goût
- 240 ml (1 tasse) de vin blanc
- 400 g (14 ¼ oz) de tagliatelles aux œufs
- parmesan râpé (facultatif)

Truc

Ce ragoût doit être bien onctueux. Si vous avez l'impression qu'il est trop sec, ajoutez un peu de vin blanc. On pourrait également remplacer l'accompagnement de pâtes par un risotto au safran : servir le risotto dans une assiette creuse et le garnir de ragoût de lapin.

Truc

Riche en vitamines et en fibres, cette recette est très nourrissante et peut renforcer votre système immunitaire et celui de vos enfants. Si vous ne cuisinez pas les artichauts immédiatement après les avoir parés, conservez-les dans un bol d'eau citronnée pour ralentir le processus d'oxydation. Ajoutez un peu d'huile d'olive au mélange pour obtenir une excellente garniture pour les pâtes.

Carciofi di Nonna Lucia

Les artichauts siciliens de grand-maman Lucia

NONNA LUCIA n'est pas vraiment ma grand-mère, mais elle cuisine tout aussi bien. C'est amplement suffisant pour l'adopter ! Cette recette classique de la Sicile est simple et facile. La menthe apporte une touche de fraîcheur et la chapelure vient séduire les enfants, ce qui en fait un plaisir pour toute la famille !

Ingrédients   4 personnes

6 artichauts moyens

100 ml (6 ⅔ c. à soupe) d'huile d'olive

5 ml (1 c. à thé) de piments forts

2 gousses d'ail hachées

45 ml (3 c. à soupe) de câpres hachées

60 ml (4 c. à soupe) d'olives vertes dénoyautées et tranchées

45 ml (3 c. à soupe) de chapelure

30 ml (2 c. à soupe) de menthe hachée

15 ml (1 c. à soupe) de vinaigre de cidre de pommes

1. Nettoyer et parer les artichauts avant de les couper en quartiers. Ne pas oublier de retirer les filaments ressemblant à des cheveux qui se trouvent dans les cœurs.
2. Cuire les artichauts de 6 à 8 minutes dans l'eau bouillante salée, jusqu'à ce qu'ils soient al dente.
3. Faire chauffer l'huile d'olive, les piments forts, l'ail, les câpres et les olives dans une grande poêle avant d'y ajouter les artichauts.
4. Laisser revenir de 5 à 7 minutes à couvert. Poursuivre la cuisson 5 minutes à découvert. Retirer les artichauts du feu. Ajouter la chapelure, la menthe et le vinaigre.
5. Bien mélanger et servir tiède.

Pomodori ripieni di Maria B.

Tomates farcies de Maria B.

LA MÈRE DE MON BEAU-FRÈRE GIULIANO prépare cette recette sur sa terrasse, en admirant la vue de la côte romaine. Je ne sais pas si c'est à cause de l'air salin de l'endroit, mais on dirait que tout est plus savoureux quand nous cuisinons chez elle… En guise de plat d'accompagnement ou à l'heure du lunch, ces tomates sont parfaites.

1. Couper d'abord la partie supérieure des tomates. Réserver.
2. Vider ensuite les tomates en récupérant la chair, le jus et les pépins. Les déposer dans un bol et réserver.
3. Déposer les tomates sur une plaque de cuisson, l'ouverture vers le bas pour qu'elles s'égouttent bien. Les tomates doivent recouvrir approximativement toute la plaque, qui ne doit pas être trop grande.
4. Passer le jus et la chair des tomates, le basilic, le persil, le parmesan, l'ail et 30 ml (2 c. à soupe) d'huile d'olive au mélangeur. Assaisonner de sel et de poivre. Réserver.
5. Prélever 30 ml (2 c. à soupe) de purée de tomates et les mélanger aux pommes de terre dans un petit bol. Ajouter un peu d'huile d'olive et assaisonner. Réserver.
6. Dans un bol, incorporer ensuite le riz à la purée de tomates en mélangeant bien. Farcir les tomates du mélange de riz. Mélanger continuellement la farce pour que sa texture soit constante dans chaque tomate.
7. Remettre ensuite les tomates sur la plaque de cuisson. Le fond de la plaque devrait être couvert d'un peu de jus de tomates. Ajouter un peu d'huile d'olive pour éviter que les tomates ne collent à la cuisson.
8. Refermer chaque tomate avec son chapeau coupé au début de la préparation. Remplir l'espace entre les tomates avec le mélange de pommes de terre et garnir le tout d'un trait d'huile d'olive.
9. Cuire environ 1 h 15 à 200 °C (400 °F), ou jusqu'à ce qu'il n'y ait pratiquement plus de liquide dans la plaque de cuisson. Couvrir les tomates de papier d'aluminium si elles commencent à brûler sur le dessus.
10. Laisser refroidir et réchauffer de nouveau avant de servir.

Ingrédients
10 personnes

10 tomates Globe de taille moyenne

15 ml (1 c. à soupe) de basilic haché

15 ml (1 c. à soupe) de persil haché

60 g (¼ tasse) de parmesan râpé

1 gousse d'ail

75 ml (5 c. à soupe) d'huile d'olive

sel et poivre

450 g (1 lb) de pommes de terre en dés

300 g (⅔ lb) de riz cuit (environ 15 ml, ou 1 c. à soupe, par tomate avec un peu d'extra)

Truc

Ne mangez pas les tomates tout de suite ! Laissez-les refroidir quelques heures et réchauffez-les de nouveau. Ça paraît un peu bizarre comme processus, mais ça fonctionne vraiment. N'utilisez pas de tomates ovales pour cette recette. Prenez n'importe quelles tomates rondes, pourvu qu'elles soient bien mûres.

Cozza in giallo
Moules safranées

IL Y A PLUSIEURS PRODUCTEURS de safran dans la région des Marches et cette épice fait partie de la tradition depuis toujours. J'accompagne ces moules de pain de campagne et d'un bon verre de vin blanc. C'est un classique du vendredi soir...

Ingrédients   4 personnes

2 kg (4 ½ lb) de moules nettoyées et ébarbées

30 ml (2 c. à soupe) de persil haché

15 ml (1 c. à soupe) de romarin haché

15 ml (1 c. à soupe) d'origan séché

1 l (4 ⅛ tasses) de vin blanc

huile d'olive

2 gousses d'ail entières

1 petit oignon émincé

500 ml (2 tasses) de crème 35 %

5 ml (1 c. à thé) de safran

2 jaunes d'œufs

sel et poivre

1. Déposer les moules, les herbes et le vin dans une grande marmite. Refermer le couvercle, amener le liquide à ébullition. Laisser ensuite le temps aux moules de cuire et aux coquilles d'ouvrir.
2. Retirer les moules de la marmite et filtrer le jus de cuisson. Réserver les moules et le jus de cuisson.
3. Dans une grande poêle, chauffer un peu d'huile d'olive pour y faire revenir l'ail et l'oignon quelques minutes.
4. Retirer l'ail et ajouter ensuite le jus de cuisson des moules, la crème et le safran. Laisser mijoter la sauce une dizaine de minutes.
5. Retirer la poêle du feu et incorporer, en fouettant, les jaunes d'œufs à la sauce. Assaisonner de sel et de poivre. Napper les moules de sauce et servir.

Truc
Servez ce plat avec du pain grillé, pour permettre à vos convives de nettoyer toute la sauce au fond de leur assiette ! Vous pourriez aussi remplacer le safran par une poignée de tomates cerises et du poivre noir fraîchement moulu.

Scarola Imbottita

Poêlée de scarole

CE LÉGUME FEUILLU me ramène toujours à mes années d'adolescence, quand ma mère m'obligeait à nettoyer et à séparer la scarole. Elle me disait chaque fois : « Les feuilles vert foncé sont à bouillir et les feuilles vert pâle sont pour la salade. Au travail ! » Ah, les belles années, où on n'avait qu'à exécuter sans réfléchir.

Ingrédients	4 personnes
4 pommes de scarole	
75 ml (5 c. à soupe) d'huile d'olive	
2 gousses d'ail émincées	
5 filets d'anchois hachés	
75 ml (5 c. à soupe) de raisins secs	
60 ml (4 c. à soupe) de noix de pin	
75 ml (5 c. à soupe) d'olives Gaeta dénoyautées	
sel au goût	

1. Nettoyer et parer la scarole avant de la blanchir 2 ou 3 minutes. Réserver.
2. Faire chauffer l'huile dans une grande poêle et y ajouter l'ail et les anchois. Ajouter ensuite la scarole et laisser revenir environ 4 minutes.
3. Ajouter les raisins, les noix de pin et les olives et laisser cuire 3 minutes supplémentaires. Assaisonner de sel, si nécessaire.

Truc

Garder les feuilles vert pâle du milieu de la scarole pour les salades. Si vous ne trouvez pas d'olives Gaeta, utilisez n'importe quelle autre variété. Ajoutez un peu d'huile à la recette et vous obtiendrez une excellente garniture pour les pâtes.

Brasato al barolo

Bœuf braisé au barolo

LA PREMIÈRE FOIS QUE J'AI MANGÉ ce plat, j'étais en visite dans la région de Varese. L'ami de ma sœur connaissait tous les secrets de sa région, et il nous avait emmenés chez un boucher artisanal où la qualité de la viande était exceptionnelle. Il faut que vous utilisiez des coupes de viande à braiser pour obtenir de bons résultats dans cette recette.

1. Faire de 6 à 8 petites entailles dans la pièce de bœuf et y insérer quelques morceaux de pancetta. Conserver le reste de la pancetta pour la cuisson.
2. Dans un grand bol, mélanger le vin, les légumes émincés et toutes les épices, y compris le bouquet garni. Plonger la pièce de bœuf dans le mélange et couvrir le tout d'une pellicule plastique. Laisser mariner au moins 12 heures au réfrigérateur.
3. Sortir le bœuf de la marinade et l'assécher avec du papier absorbant avant de le rouler dans la farine. Réserver la marinade.
4. Dans une grande sauteuse à fond épais (ou en fonte), faire fondre le beurre pour y saisir la pièce de bœuf (sur tous les côtés) et le reste de la pancetta.
5. Déglacer la sauteuse avec le brandy et y ajouter toute la marinade. Porter le liquide à ébullition et laisser cuire la viande une quinzaine de minutes à découvert.
6. Retirer ensuite le filet contenant le bouquet garni et réduire l'intensité du feu au minimum. Laisser braiser la viande de 2 h 30 à 3 heures, à couvert, en retournant la pièce de temps à autre. Le bœuf est prêt lorsqu'il est assez tendre pour être séparé à la fourchette.
7. Au terme de la cuisson, retirer le morceau de bœuf de la sauce et l'emballer de papier d'aluminium. Laisser reposer la viande une dizaine de minutes.
8. Réduire la sauce en purée à l'aide d'un mélangeur à main. Assaisonner de sel et de poivre au goût. À ce stade, la sauce devrait être plutôt consistante. Laisser réduire quelques minutes supplémentaires, au besoin.
9. Découper la viande et la servir couverte de sauce.

Ingrédients — 4 à 6 personnes

1 kg (2 ¼ lb) de palette de bœuf ou d'une autre pièce à braiser

125 g (¼ lb) de pancetta en petits morceaux

farine

60 g (¼ tasse) de beurre

120 ml (½ tasse) de brandy

MARINADE

1 bouteille de barolo

4 carottes émincées

3 branches de céleri émincées

1 oignon émincé

1 gousse d'ail émincée

1 branche de romarin

3 clous de girofle

1 bâton de cannelle

6 grains de poivre noir

1 bouquet garni (thym, laurier et persil retenus par un filet)

Truc

Pour que la sauce soit plus onctueuse, vous pouvez la filtrer au tamis. J'accompagne habituellement ce plat de polenta ou de pommes de terre en purée.

Torciglione

IL S'AGIT D'UN DESSERT CLASSIQUE de Noël dans la région de l'Ombrie. C'est le physiothérapeute de mon beau-frère, originaire de Perugia, qui nous a proposé ce dessert en guise de cadeau. Depuis ce temps, nous le remercions à chaque bouchée ! Il est possible de préparer ce dessert à l'avance, car il se conserve facilement quelques jours.

1. À l'aide d'un robot culinaire, réduire les amandes en poudre. (Ne pas acheter de farine d'amande, car elle est très dispendieuse et perd rapidement sa saveur dans l'emballage.) Réserver.
2. Dans un bol, battre les blancs d'œufs, le sucre, la farine, le brandy et le zeste de citron. Ajouter la poudre d'amandes au mélange.
3. Pétrir ensuite la pâte quelques minutes pour former une boule compacte.
4. Déposer la boule sur une plaque à biscuits couverte de papier parchemin. La rouler pour former un cylindre de pâte d'environ 8 cm (3 ¼ po) de diamètre. Façonner le cylindre pour qu'une extrémité soit ronde et l'autre pointue (pour imiter, en fait, la forme d'un serpent).
5. Décorer ensuite le dos du « serpent » avec des noix de pin, et utiliser les 3 amandes entières pour former les yeux et sa langue.
6. Badigeonner le dessert de jaune d'œuf et le cuire environ 15 minutes à 180 °C (350 °F). Réduire ensuite le feu à 150 °C (300 °F) et poursuivre la cuisson une dizaine de minutes supplémentaires. Servir saupoudré de sucre à glacer.

Ingrédients — 8 personnes

450 g (1 lb) d'amandes écalées	
3 blancs d'œufs	
300 g (⅔ lb) de sucre	
80 g (9 c. à soupe) de farine tout usage	
30 ml (2 c. à soupe) de brandy ou de rhum	
zeste de 1 citron	
40 g (1,4 oz) de noix de pin	
3 amandes entières (pour la décoration)	
noix de pins (pour la décoration)	
1 jaune d'œuf	
sucre à glacer (facultatif)	

Truc

C'est un dessert parfait pour les nuls ! La seule chose qui peut vous arriver, c'est de TROP le cuire. Il est donc préférable de sortir le dessert du four trop tôt que trop tard. Si vous préférez séparer la pâte pour faire des biscuits, vous n'aurez qu'à diminuer le temps de cuisson pour obtenir de bons résultats.

PROSCIUTTO DI
CINTA SENESE
€ 150,00 KG

Gros barbecue !

Il y a un « grillardin » qui sommeille en chacun de nous, prêt à saisir les pinces et à enfiler le tablier. C'est un bonheur incomparable que de contrôler une surface de cuisson rougeoyante et fumante, couverte de pièces de viande et de légumes. Les couleurs extérieures se marient à celles des salades sur les nappes à carreaux. Les convives se rassemblent autour des tables. Les adultes s'amusent et les enfants s'énervent (ou vice-versa). Pour une fois, il n'y a rien à salir ni à briser. Voici donc des recettes mettant en vedette les viandes grillées et leurs à-côtés. Alors, tout le monde dehors !

Sangria al prosecchino

Sangria blanche au prosecco

IL Y A PEU À DIRE pour décrire cette sangria... Attendez qu'il fasse chaud. Étendez-vous dans une chaise au soleil et dégustez-la longuement, les yeux fermés, en ayant bien sûr une bonne pensée pour moi !

Ingrédients environ 1,5 l (6 tasses)

60 ml (¼ tasse) de limoncello

2 pêches en morceaux

240 ml (1 tasse) de framboises entières

480 ml (2 tasses) de jus de canneberges blanches

1 bouteille de 750 ml de prosecco ou de champagne bien frais

15 ml (1 c. à soupe) de sucre (facultatif)

1. Verser le limoncello, les pêches et les framboises dans une grande carafe. Bien mélanger le tout et laisser reposer une heure au réfrigérateur (pour que les saveurs s'amalgament).
2. Ajouter ensuite le jus de canneberges et le prosecco au mélange de fruits.
3. Servir dans des verres à vin et ajouter de la glace, si désiré.

Truc

Si vous ne trouvez pas de jus de canneberges blanches, le jus de canneberges rouges fera l'affaire. Vous pouvez aussi remplacer le limoncello par 60 ml (¼ tasse) de brandy et 30 ml (2 c. à soupe) de jus de citron. Vous adoucirez le goût de la sangria en ajoutant 15 ml (1 c. à soupe) de sucre à la marinade de fruits.

Peperoni grigliati ripieni di mozzarella di bufala

Poivrons grillés farcis à la mozzarella di bufala

J'AI MANGÉ CE PLAT pour la première fois en Italie. Je rendais visite à ma sœur et nous étions allés boire *l'aperitivo* dans un bar où ces bouchées étaient servies gratuitement à ceux qui buvaient. Après quelques verres de prosecco, je me suis rendu compte que j'avais mangé quasiment toutes les bouchées du plateau. Les poivrons grillés, la mozzarella fraîche, l'origan et l'huile d'olive forment ici une alléchante combinaison qui encouragerait presque n'importe qui à boire un autre verre !

1. Couper la mozzarella fraîche en 16 bâtonnets d'environ 1 cm × 3 cm (½ po × 1 ½ po).
2. Déposer les bâtonnets de fromage sur du papier absorbant et assécher. Réserver.
3. Couper la chair des poivrons afin d'obtenir 16 lanières d'environ la même largeur qu'une tranche de prosciutto.
4. Déposer une demi-tranche de prosciutto sur chaque lanière de poivron. Ajouter ensuite une feuille de basilic et un bâtonnet de fromage sur chaque morceau de prosciutto. Saler légèrement.
5. Former de petits rouleaux avec la chair des poivrons et les maintenir en place à l'aide d'un cure-dents décoré d'une olive noire.
6. Disposer les rouleaux de poivrons sur un plat de service et les garnir d'un trait d'huile d'olive et d'origan séché.

Ingrédients   16 bouchées

200 g de mozzarella di bufala

1 poivron rouge grillé et pelé

1 poivron orange grillé et pelé

1 poivron jaune grillé et pelé

8 tranches de prosciutto coupées en deux

16 feuilles de basilic

sel au goût

16 olives noires dénoyautées

huile d'olive

origan séché

Truc

Cette recette simple et facile est parfaite pour les visiteurs inopinés, surtout si vous avez déjà des poivrons grillés sous la main. L'assemblage de ces rouleaux ne demande que quelques minutes, mais assurez-vous que les poivrons soient à la température ambiante avant de les manipuler. S'il y a des végétariens parmi les convives, omettez le prosciutto dans quelques rouleaux et le tour sera joué !

Truc

Pour encore plus de saveur, vous pouvez ajouter 60 ml (¼ tasse) de bacon émietté et croustillant aux ingrédients de la farce. Si votre barbecue est occupé à d'autres cuissons, vous pouvez terminer la cuisson des moules au four à 200 °C (400 °F), de 10 à 15 minutes !

Cozze farcite
Moules farcies

MES INVITÉS sont toujours un peu surpris quand ils me voient déposer les moules directement sur la grille du barbecue, mais ils se remettent assez vite de leurs émotions dès qu'ils les goûtent. Immanquablement, les moules disparaissent en quelques minutes...

Ingrédients
4 à 6 personnes

1 kg (2 ¼ lb) de moules nettoyées et ébarbées

120 ml (½ tasse) de chapelure

120 ml (½ tasse) de persil italien haché

4 gousses d'ail écrasées et émincées

2,5 ml (½ c. à thé) de poivre noir écrasé

60 ml (¼ tasse) d'huile d'olive

60 ml (¼ tasse) de parmigiano reggiano râpé

1. Faire chauffer le barbecue et déposer les moules directement sur la grille. Laisser cuire de 3 à 4 minutes, jusqu'à ce que les moules commencent à s'ouvrir.

2. Retirer délicatement les moules du feu en prenant soin, autant que possible, de conserver le liquide qu'elles contiennent. (Il est plus facile de les manipuler directement avec un linge à vaisselle.)

3. Au-dessus d'un bol, verser le jus contenu dans chaque moule à travers un tamis fin pour en retirer tous les sédiments. Réserver.

4. Sortir les moules de leur coquille, en conservant la moitié de chaque coquille. (Les demi-coquilles serviront d'« assiettes » de service.) Réserver les moules au réfrigérateur.

5. Dans un bol, mélanger la chapelure, le persil, l'ail, le poivre et l'huile d'olive pour former la farce. Ajouter ensuite 60 ml (¼ tasse) de jus de moules, en mélangeant bien.

6. Disposer chaque moule dans une coquille, sur une grande plaque de cuisson. Saupoudrer les moules de farce et de parmesan râpé.

7. Placer ensuite la plaque sur la grille du barbecue et refermer le couvercle. Cuire les moules à feu moyen, de 8 à 10 minutes, jusqu'à ce que le fromage commence à dorer. Servir immédiatement.

Melanzane sott'olio di Elena

Aubergines marinées d'Elena

À MON AVIS, cette recette de conserve est l'une des meilleures que fait ma mère… juste après ses tomates séchées (dont je ne peux divulguer le secret !). Je dois manger au moins deux ou trois litres de ces aubergines marinées chaque année. Elles sont délicieuses dans les sandwichs et elles accompagnent à merveille les viandes grillées. Merci, maman !

1. Couper d'abord les aubergines en julienne.
2. Dans un grand bol, mélanger le vinaigre, l'eau et 3 poignées de sel avant d'y plonger les aubergines. Laisser mariner les aubergines dans le liquide 24 heures.
3. Égoutter ensuite les aubergines et les mettre sous presse une douzaine d'heures. Assécher ensuite les aubergines avec un linge à vaisselle.
4. Verser les aubergines dans un grand bol et les assaisonner avec le persil, la menthe, l'origan et l'ail. Ajouter un peu d'huile d'olive.
5. Laver le bocal (de type Mason) et son couvercle. Verser de l'huile dans le fond du bocal et le remplir d'aubergines et de quelques morceaux de piments forts.
6. À l'aide d'une fourchette, tasser ensuite les aubergines au fond du bocal pour en faire sortir le plus d'air possible. Remplir le bocal d'aubergines jusqu'au col et ajouter encore un peu d'huile d'olive.
7. Laisser reposer à découvert de 10 à 12 heures et ajouter de l'huile d'olive, au besoin.
8. Refermer ensuite le bocal et le ranger dans un endroit sombre et frais. (Les aubergines marinées se conserveront jusqu'à 6 mois. Déposer le bocal au réfrigérateur après ouverture.)

Ingrédients 500 ml (environ 2 tasses)

3 grosses aubergines pelées et épépinées

1,4 l (6 tasses) de vinaigre blanc

720 ml (3 tasses) d'eau

3 poignées de sel

80 ml (⅓ tasse) de persil italien haché

15 ml (1 c. à soupe) de menthe

30 ml (2 c. à soupe) d'origan séché

2 gousses d'ail hachées

huile d'olive

3 piments forts hachés

Truc

Vous avez probablement deviné que la mandoline est l'outil de choix pour couper les aubergines en julienne. Il faut absolument mettre les aubergines sous presse après les avoir fait mariner pour les assécher autant que possible. La meilleure façon de procéder est de placer les aubergines dans une passoire, de les couvrir avec une assiette et d'y déposer quelques briques. N'oubliez pas de mettre un plat sous la passoire, pour récupérer le liquide qui s'écoule.

Radicchio grigliato in insalata

Salade de radicchios grillés

DANS LES LIVRES où il y a des recettes de barbecue, il y a toujours un plat de légumes grillés. C'est normal, car c'est bon. Pour donner une touche d'originalité à mon plat, j'ai choisi de vous proposer un légume à feuilles, qu'on ne penserait pas nécessairement à cuire sur le barbecue. L'amertume du radicchio est estompée par le gril, et, en le combinant avec quelques autres ingrédients, vous obtiendrez une salade des plus savoureuses. Vive le radicchio !

1. Préchauffer le gril du barbecue à feu très élevé.
2. Pendant ce temps, verser un tiers de l'huile d'olive dans un grand bol et y retourner les quartiers de radicchio pour bien les imbiber d'huile.
3. Griller ensuite les radicchios environ 5 minutes, jusqu'à ce qu'ils noircissent et que leurs feuilles ramollissent. (Elles ne doivent toutefois pas trop ramollir.)
4. Laisser refroidir les radicchios avant de les couper en lanières de 0,5 cm (¼ po).
5. Verser le reste de l'huile d'olive dans un saladier et y incorporer les noix et le piment fort. Assaisonner de sel et de poivre.
6. Ajouter ensuite le fromage pecorino, les épinards et les radicchios grillés, en remuant délicatement pour bien les napper d'huile.

Ingrédients
4 à 6 personnes

180 ml (¾ de tasse) d'huile d'olive

2 jeunes pommes de radicchio coupées en quartiers

120 ml (½ tasse) de noix de Grenoble rôties et concassées

2,5 ml (½ c. à thé) de piment fort séché en flocons

sel et poivre au goût

120 ml (½ tasse) de fromage pecorino en copeaux minces

480 ml (2 tasses) d'épinards nains lavés

Truc

Griller les radicchios est la meilleure façon d'adoucir leur amertume. Cuisez les radicchios à très haute température, car vous devez les carboniser tout autant que les attendrir ! Vous pourriez utiliser du fromage parmesan, du fontina ou même un fromage bleu comme le gorgonzola pour la préparation de cette salade.

Pasta fredda

Salade de pâtes froides

JE SAIS, JE SAIS... Vous devez vous dire : « Pas encore une salade de pâtes. » Eh bien, oui ! Cette salade est remplie de saveur et, malgré le fait que ce n'est pas la recette la plus surprenante de ce chapitre, je me suis dit qu'il y a des incontournables accompagnements du barbecue qu'on ne peut laisser de côté. Par ailleurs, elle sera sûrement populaire chez les enfants qui sont un peu difficiles.

1. Cuire les pâtes dans l'eau salée jusqu'à ce qu'elles soient al dente. Déposer les pâtes dans un grand saladier et les napper d'un peu d'huile d'olive (pour qu'elles ne s'agglutinent pas).
2. Laisser refroidir les pâtes avant d'y ajouter les tomates cerises, les fromages bocconcinis, les œufs, la marjolaine et les olives. Bien mélanger le tout.
3. Verser l'huile d'olive, le jus de citron, le sel et le poivre dans un petit bol avant de les mélanger avec les oignons verts. Émulsionner le tout à l'aide d'un fouet.
4. Verser la vinaigrette sur la salade et bien mélanger avant de servir.

Ingrédients   4 personnes

300 g (⅔ lb) de pâtes courtes

90 ml (6 c. à soupe) d'huile d'olive

20 tomates cerises coupées en deux

16 petits fromages bocconcinis coupés en deux

2 œufs cuits durs hachés

1 ou 2 branches de marjolaine effeuillées et finement hachées

150 g (⅓ lb) d'olives noires dénoyautées et tranchées

jus de 1 demi-citron

3 oignons verts finement hachés

sel et poivre au goût

Truc

Pour être franc avec vous, je dois vous avouer qu'il n'existe pas vraiment de « truc » pour ce genre de recettes. Pour ce qui est des pâtes, toutefois, il est possible de choisir parmi toute une variété. Et si vous n'êtes pas trop porté sur la marjolaine, remplacez-la par du basilic frais.

Insalata di calamari alla griglia

Salade de calmars grillés

JE NE SAIS PAS si c'est la même chose pour vous, mais j'éprouve toujours de la difficulté à griller les calmars à point. C'est mon calmar d'Achille, pourrait-on dire... Avec le temps, j'en suis venu à la conclusion que la fraîcheur des calmars fait toute la différence. Pour cette recette, j'ai choisi de les cuire sur des charbons ardents et de les accompagner de poivrons grillés et de roquette fraîche. Une vraie bonne salade !

1. À la pointe du couteau, effectuer deux légères incisions sur toute la longueur des calmars. (Ces incisions doivent être superficielles. Éviter de transpercer la chair.)
2. Dans un bol non métallique, napper ensuite les calmars d'huile d'olive et de jus de citron. Les assaisonner de sel et de poivre et les laisser mariner au moins 2 heures au réfrigérateur, en les retournant dans la marinade toutes les 30 minutes.
3. Pendant ce temps, couper les poivrons en fines lanières et les mélanger avec les câpres et un peu d'huile d'olive. Assaisonner au goût.
4. Quand les calmars ont suffisamment mariné, faire chauffer le gril du barbecue à haute température.
5. Saisir les calmars environ une minute. Retourner les calmars et les cuire une minute supplémentaire, jusqu'à ce qu'ils commencent à brunir légèrement.
6. Déposer les calmars sur une planche à découper et les trancher en petits anneaux. Mélanger les calmars et les poivrons. Servir la salade sur un lit de roquette hachée.

Ingrédients   4 à 6 personnes

1 kg (2 ¼ lb) de corps de calmars entiers nettoyés

60 ml (4 c. à soupe) d'huile d'olive

jus de 1 citron

sel et poivre au goût

3 poivrons rouges grillés et pelés

45 ml (3 c. à soupe) de câpres salées, lavées et hachées

1 botte de roquette lavée et hachée

Truc

Pour que les calmars restent bien tendres, vous devez les cuire à feu très élevé aussi rapidement que possible. Si vous les cuisez trop longtemps, ils deviendront coriaces. Pour épicer un peu cette salade, vous pourriez y ajouter quelques petits piments forts italiens (*pepperoncini*) hachés finement.

Pissaladeira

Pizza aux oignons

EN PARTANT, JE SUIS TOUT EXCITÉ chaque fois que je prépare de la pizza. Alors, évidemment, quand j'ai le plaisir de la cuire sur le gril, je suis au summum du bonheur ! Avec cette pizza à la pâte croustillante et sa délicieuse garniture au caramel d'oignons, vous êtes assuré de vous faire quelques amis… à moins que vous ne décidiez de la garder pour vous. Ce n'est pas moi qui vous blâmerais !

1. Faire chauffer l'huile dans une poêle au fond épais et laisser cuire les oignons à feu moyen environ une heure, jusqu'à ce qu'ils caramélisent et brunissent complètement. (Remuer régulièrement les oignons pendant la cuisson, pour éviter qu'ils ne brûlent. S'ils commencent à coller au fond de la poêle, déglacer avec un peu d'eau et réduire l'intensité du feu.)

2. Ajouter l'ail et les tomates séchées 10 minutes avant la fin de la cuisson des oignons. Retirer le mélange du feu et y ajouter les olives. Assaisonner au goût.

3. Abaisser ensuite la pâte à environ 5 mm (¼ po) d'épaisseur, en la farinant pour éviter qu'elle ne colle à la grille du barbecue.

4. Faire chauffer le barbecue une quinzaine de minutes à feu élevé.

5. Badigeonner la grille du barbecue d'huile d'olive et cuire un côté de la pâte à pizza 2 ou 3 minutes, jusqu'à ce qu'elle commence à dorer.

6. Retirer la pâte à pizza du feu et garnir uniformément le côté cuit du mélange d'oignons. Saupoudrer les oignons d'origan et remettre la pizza sur le gril.

7. Fermer le couvercle du barbecue pour que la chaleur circule autour de la pizza. Cuire 3 ou 4 minutes supplémentaires, à feu élevé, pour que la pizza soit bien croustillante des deux côtés.

8. Couper la pizza en petites bouchées et la servir en guise d'amuse-gueule.

Ingrédients   30 x 40 cm (12 x 16 po)

60 ml (¼ tasse) d'huile d'olive

1 kg (2 ¼ lb) d'oignons jaunes pelés et finement tranchés

2 gousses d'ail émincées

10 tomates séchées hachées

30 ml (2 c. à soupe) d'olives noires dénoyautées et hachées

sel et poivre au goût

450 g (1 lb) de pâte à pizza à la température ambiante (voir page 178)

1 pincée d'origan séché

farine

Truc

Cette pizza traditionnelle italienne est facile à cuire au barbecue, car la garniture contient très peu d'eau et permet à la pâte de rester croustillante pendant la cuisson. Comme le temps de cuisson est très court, vous aurez intérêt à garder les oignons au chaud avant de garnir la pizza, pour qu'ils deviennent croustillants.

Tranci di tono alla griglia

Steaks de thon grillés

L'HIVER, J'AIME BEAUCOUP cuisiner avec du thon en conserve. Par contre, quand la belle saison arrive et que le barbecue redevient maître de la cuisine, la « canne » prend le bord, comme on dit, pour laisser sa place au poisson frais. Si vous n'avez jamais servi de thon grillé à vos convives, voici le moment de les gâter. C'est un peu cher, je l'avoue, mais certaines choses n'ont pas de prix, comme le plaisir délicat du thon frais qui fond doucement sous la dent…

Ingrédients	6 personnes
6 steaks de thon d'environ 2 cm (1 ¾ po) d'épaisseur	
45 ml (3 c. à soupe) d'huile d'olive	
15 ml (1 c. à soupe) de jus de citron	
15 ml (1 c. à soupe) d'origan séché	
15 ml (1 c. à soupe) de sel	
15 ml (1 c. à soupe) de poivre blanc moulu	

1. Assécher d'abord les pièces de thon avec un linge à vaisselle propre.
2. Dans un petit bol, mélanger l'huile d'olive, le jus de citron, l'origan, le sel et le poivre blanc.
3. En badigeonner chaque morceau de thon des deux côtés. Laisser reposer environ 30 minutes à la température ambiante.
4. Pendant ce temps, faire chauffer le gril du barbecue à feu très élevé.
5. Saisir ensuite les steaks de thon environ 2 ou 3 minutes de chaque côté (selon l'épaisseur), jusqu'à ce qu'ils commencent à noircir. (Prenez soin de ne pas trop cuire le poisson !)
6. Garnir le poisson d'une simple *salsa verde* (voir *Entre cuisine et quincaillerie*, p. 25) et servir immédiatement.

Truc

Pour bien saisir la chair du poisson, le gril doit être très chaud. Le charbon procure davantage de chaleur que le gaz propane. Si vous utilisez du charbon, assurez-vous d'en étendre suffisamment au fond du barbecue et laissez-lui environ 30 minutes pour qu'il atteigne sa chaleur maximale.

Le poulet grillé parfait

JE NE CONNAIS PERSONNE qui n'aime pas le poulet. C'est probablement la viande à griller la plus populaire au monde ! Que ce soit pour ses cuisses potelées ou ses ailes épicées, le poulet fait partie de notre paysage barbecue estival. Pour cette recette, vous aurez besoin de faire chauffer deux briques emballées dans le papier d'aluminium. Vous êtes curieux, n'est-ce pas ? Essayez cette façon de faire – cette « maçon » de faire ? – et vous ne le regretterez pas !

1. Séparer le poulet en deux en le coupant au milieu de la colonne vertébrale à l'aide d'un gros couteau ou d'un couperet.

2. Disposer le poulet à plat, la peau vers le haut. Appuyer fermement sur le poulet pour l'aplatir autant que possible, puis le déposer dans un plat de cuisson carré ou rectangulaire. Assaisonner de sel et de poivre.

3. Dans un petit bol, bien mélanger l'huile d'olive, le romarin, le thym, le piment fort, le jus de citron et l'ail.

4. Napper le poulet avec ¾ de la marinade et le réfrigérer à couvert de 8 à 12 heures. (Sortir le poulet du réfrigérateur au moins 30 minutes avant de le cuire.)

5. Au moment de cuire le poulet, préchauffer le gril du barbecue à température moyenne-élevée. Réchauffer ensuite deux briques enrobées de papier d'aluminium une quinzaine de minutes.

6. Quand les briques sont bien chaudes, éteindre un brûleur pour cuire le poulet à la chaleur indirecte. Déposer le poulet sur la grille, la chair vers le bas, du côté où le feu est éteint.

7. Déposer une brique sur chaque moitié de poulet. Refermer le couvercle et laisser cuire de 20 à 25 minutes ou jusqu'à ce que la peau commence à brunir légèrement.

8. Retourner ensuite le poulet, en le déplaçant sur le côté du gril où le brûleur est allumé. (La peau doit être au-dessus, sinon elle sera carbonisée.) Replacer les briques sur le poulet et poursuivre la cuisson à couvert, de 10 à 15 minutes.

9. Retirer les briques et retourner le poulet une dernière fois. Poursuivre la cuisson quelques minutes supplémentaires, jusqu'à ce que la peau soit bien croustillante et que la température de la partie la plus épaisse de la cuisse atteigne 75 °C (165 °F).

10. Retirer le poulet du feu et le laisser reposer une quinzaine de minutes sur une planche à découper, recouvert de papier d'aluminium.

11. Garnir le poulet de fleur de sel et le napper du reste de la marinade. Accompagner de quartiers de citron et servir.

Ingrédients　　　　4 à 6 personnes

1 poulet entier de 1,5 à 2 kg (3 à 4 lb)

sel et poivre fraîchement moulus

180 ml (¾ tasse) d'huile d'olive

30 ml (2 c. à soupe) de romarin frais haché

30 ml (2 c. à soupe) de thym frais haché

15 ml (1 c. à soupe) de piment fort en flocons

jus de 1 citron

4 gousses d'ail émincées

2 briques enveloppées de papier d'aluminium

fleur de sel

1 citron en quartiers

Truc

Selon la taille du poulet, le temps de cuisson peut varier. Par contre, si vous possédez un thermomètre de cuisson, les risques de vous tromper sont pratiquement nuls. Laissez votre créativité s'exprimer en essayant différentes combinaisons d'herbes fraîches !

Truc
Retirez toujours la membrane
blanchâtre (l'aponévrose) qui
recouvre la viande du côté où les os
sont saillants, pour que la viande
soit plus tendre après la cuisson.
Les côtes levées peuvent aisément
être cuites au four une journée
d'avance et conservées au réfrigérateur jusqu'au moment de les griller.

Costine all'italiana di Alan

Côtes levées « italiennes » d'Alan

ALAN EST L'UN DE MES MEILLEURS AMIS. En plus d'être un expert des saucissons maison et des viandes séchées, il est passé maître dans l'art de cuire au gril. Quand Alan pense barbecue, je suis sûr qu'il voit dans sa tête des grilles et des grilles couvertes de côtes levées ! Quand je lui ai demandé de me donner un coup de pouce pour les recettes de ce chapitre, il m'a tout de suite proposé de créer des côtes levées à l'italienne. Je crois que c'est la meilleure recette de ce chapitre et, soyez sans crainte, Alan s'est arrangé pour que ce soit le plus simple possible. *Thanks,* Alan !

1. Bien mélanger tous les ingrédients de la marinade et napper la viande des deux côtés. Couvrir les côtes levées d'une pellicule plastique et les laisser reposer au moins 2 heures au réfrigérateur (ou même une nuit entière, si possible).

2. Préparer la sauce en faisant d'abord chauffer l'huile d'olive dans une poêle à fond épais et en y faisant frire l'ail environ 5 minutes, jusqu'à ce qu'il ramollisse.

3. Ajouter ensuite le coulis de tomates et les assaisonnements. Porter à ébullition et, ensuite, laisser cuire à feu doux une trentaine de minutes, jusqu'à ce que la sauce devienne très épaisse. Réserver.

4. Déposer les côtes levées marinées sur une double épaisseur de papier d'aluminium et les badigeonner uniformément de sauce. Bien refermer le papier d'aluminium (aussi hermétiquement que possible).

5. Mettre ensuite les côtes levées sur une plaque (sans les empiler) et les cuire environ 2 heures au four à 150 °C (300 °F).

6. Retirer les côtes levées du four et les laisser refroidir sans les sortir du papier d'aluminium, pour éviter qu'elles ne sèchent.

7. Faire chauffer le barbecue à feu doux.

8. Au moment de griller les côtes levées, retirer l'excès de sauce et le conserver pour badigeonner la viande pendant la cuisson.

9. Griller les côtes levées une vingtaine de minutes, en les retournant toutes les 5 minutes et en les badigeonnant de sauce régulièrement.

Ingrédients

4 à 6 personnes

1,5 kg (3 ⅓ lb) de côtes levées de porc parées, la membrane enlevée

MARINADE SÈCHE

60 ml (¼ tasse) d'huile d'olive

4 gousses d'ail pelées et hachées

30 ml (2 c. à soupe) de piment fort en flocons

30 ml (2 c. à soupe) de sauge hachée

30 ml (2 c. à soupe) de romarin haché

5 ml (1 c. à thé) de poivre noir concassé

15 ml (1 c. à soupe) de sel

SAUCE

30 ml (2 c. à soupe) d'huile d'olive

4 gousses d'ail pelées et hachées

480 ml (2 tasses) de coulis de tomates

15 ml (1 c. à soupe) de sauce Worcestershire

2,5 ml (½ c. à thé) de sauce Tabasco

sel au goût

Truc

Cette recette fonctionne avec d'autres fruits,
comme les nectarines ou même les prunes,
pourvu qu'elles soient bien mûres. Si vous ne
voulez pas que les pêches brunissent après
les avoir coupées, badigeonnez-les
de jus de citron pour prévenir l'oxydation.
Si les pêches commencent à brûler pendant
la cuisson, déplacez-les sur une partie de
la grille qui reçoit moins de chaleur directe.

Pêches grillées
au barbecue

TROUVER UN DESSERT À CUIRE sur le gril
n'est pas une mince affaire. Avec quelques
tests, je crois bien être arrivé à un dessert
assez bon. Une chose est certaine, ces
pêches farcies ont fait un tabac chez les
enfants, surtout lorsque je les ai recouvertes
de glace à la vanille... Vraiment cochon !

Ingrédients   6 personnes

3 à 4 pêches très mûres dénoyautées et coupées en
deux

50 g (1 ¾ oz) de biscuits amaretti écrasés

45 ml (3 c. à soupe) d'amandes hachées
grossièrement

30 ml (2 c. à soupe) de sucre

5 ml (1 c. à thé) de poudre de cacao non sucré

30 ml (2 c. à soupe) de vin blanc doux,
préférablement du moscato

25 g (1 oz) de beurre fondu

quelques feuilles de menthe hachées

glace à la vanille (en accompagnement)

1. Pour chaque pêche coupée en deux, augmenter la
   taille de la cavité laissée par le noyau en y retirant
   une cuillère à soupe de chair. Réserver.
2. Hacher la chair de pêche et la mélanger dans un
   bol avec les biscuits amaretti, les amandes, 15 ml
   (1 c. à soupe) de sucre et la poudre de cacao.
3. Ajouter le vin et bien mélanger, jusqu'à ce que la
   texture de la garniture soit épaisse et uniforme.
4. Badigeonner les pêches de beurre des deux côtés
   et les disposer sur une assiette, les cavités vers le
   haut.
5. Remplir chaque cavité de 15 ml (1 c. à soupe) de
   garniture aux amandes. Saupoudrer les pêches
   uniformément avec le sucre restant.
6. Chauffer le gril du barbecue à feu moyen-doux.
7. Disposer les pêches sur le gril et les cuire à feu
   doux environ 20 minutes. (Vérifier régulièrement
   la cuisson pour éviter de brûler les pêches.)
8. Retirer délicatement les pêches du gril, car elles
   seront molles et très chaudes.
9. Décorer avec quelques feuilles de menthe hachée
   et les accompagner de glace à la vanille.

Tarte renversée aux fraises

EN SAISON, J'ADORE UTILISER des petites fraises du Québec, car elles sont tellement savoureuses ! J'ai triché un peu, dans l'optique de ce chapitre, car ce n'est pas un dessert qui se cuisine entièrement sur le barbecue. Vous pourrez toutefois le cuire d'avance et le réchauffer sur le gril.

Ingrédients — 4 à 6 personnes

195 g (1 ½ tasse) de farine

90 ml (6 c. à soupe) de sucre

1 pincée de sel

170 g (5 ⅓ oz) de beurre coupé en petits dés

1 œuf

30 ml (2 c. à soupe) de lait

450 g (1 lb) de fraises du Québec équeutées et nettoyées

1. Dans un bol, mélanger la farine, 30 ml (2 c. à soupe) de sucre, une pincée de sel et 120 g (8 ½ c. à soupe) de beurre en dés. Travailler le mélange avec les mains jusqu'à ce qu'il devienne granuleux. Incorporer l'œuf et le lait et bien mélanger le tout pour former une boule de pâte.
2. Recouvrir la pâte de pellicule plastique et la laisser refroidir une heure au réfrigérateur.
3. Préchauffer le four à 190 °C (375 °F).
4. Dans un moule de 24 cm (9 ½ po) de diamètre allant au four et sur la cuisinière, faire fondre le reste du beurre avant d'y ajouter le sucre restant.
5. Incorporer les fraises lorsque le mélange de beurre et de sucre commence à dorer et se rapproche du caramel. Quand les fraises sont bien nappées de caramel, retirer le moule du feu et réserver.
6. Abaisser la pâte au rouleau et la déposer sur le mélange de fraises. Bien étendre la pâte pour couvrir toute la surface du moule. (Vérifier les rebords de la tarte, afin qu'il n'y ait aucune ouverture.)
7. Piquer ensuite la pâte avec une fourchette et cuire la tarte au four de 30 à 35 minutes.
8. Laisser reposer la tarte 15 minutes avant de la retourner sur une assiette. Attendre 15 minutes supplémentaires avant de la servir, pour que la garniture ait le temps de figer.

Truc

Cette tarte est au mieux avec des petites fraises entières du Québec. Si vous utilisez des fraises plus grosses, coupez-les en deux pour préparer la tarte, mais assurez-vous de la laisser reposer 5 minutes de plus de chaque côté, car les fraises coupées produiront davantage de liquide. Cette tarte se prépare très bien avec des pommes, des poires, des mangues ou des bleuets.

Soirée de filles

J'ai l'impression que ce sont des moments privilégiés pour les femmes quand elles ont la chance de se retrouver entre elles. En plus, depuis que j'ai pris conscience de la tâche énorme qui incombe aux mères, je trouve que ces soirées sont nécessaires et bien méritées. Voici donc une série de recettes un peu plus fines, un peu moins riches et pleines de bonnes choses, à l'image de celles à qui elles sont dédiées. Et le cliché est tenace mais vrai : la machine a rumeur a vite fait de se mettre en marche quand les belles se retrouvent entre elles. Ça jase, ça jase, ça jase et ça jase encore. Bon appétit, mesdames !

Bicicletta

C'EST EN ITALIE, alors que je rendais visite à ma sœur, que j'ai bu ce cocktail pour la première fois. Ce soir-là, j'étais le seul représentant de la gent masculine autour de la table. Après quelques verres, j'étais incapable de placer un mot, mais j'avais les oreilles et les yeux grands ouverts. C'est ce qui m'a permis de comprendre la signification profonde de l'expression « soirée de filles ». Mesdames, je vous lève mon verre !

Ingrédients
1 cocktail

125 ml de vin mousseux prosecco ou champagne	
1 trait de bitter Campari	
1 trait de jus d'orange	
1 morceau de zeste d'orange	

1. Verser le prosecco dans un verre à martini avant d'y ajouter le Campari et le jus d'orange.
2. Décorer le verre avec un morceau de zeste d'orange et servir.

Truc

Pour vous aider avec les proportions, dites-vous que le vin devrait constituer environ les deux tiers du mélange. Le Campari et le jus d'orange composeront donc le tiers restant. Essayez également d'ajouter un peu de jus d'abricot au mélange, et préparez-vous à une soirée riche en discussions !

Pomodorini gratinati

Tomates cerises gratinées

DES TROIS ENTRÉES que j'ai choisies dans cette section, je crois que c'est la plus mignonne. Je suis sûr que les dames seront d'accord avec moi. Il faut évidemment un peu de patience pour vider toutes ces petites tomates, mais vos efforts seront récompensés. Installez-vous côte à côte, près du comptoir, et profitez de cette sympathique corvée pour discuter des avantages du travail d'équipe.

Ingrédients — 4-6 personnes

24 tomates cerises sur la vigne

60 ml (4 c. à soupe) de persil italien

55 g (½ tasse) de chapelure de pain

3 gousses d'ail rôties et pressées

60 ml (¼ tasse) de noix de pin rôties

15 ml (1 c. à soupe) de menthe

3 filets d'anchois

60 ml (4 c. à soupe) d'huile d'olive

sel et poivre au goût

1. Couper la partie supérieure des tomates et les vider à l'aide d'une cuillère à pamplemousse (une cuillère dentelée). Retourner ensuite les tomates sur un papier absorbant. Réserver.
2. Passer tous les autres ingrédients au robot culinaire pour obtenir une farce hachée finement.
3. Préchauffer le four à 175 °C (350 °F).
4. Farcir les tomates avec les doigts.
5. Disposer les tomates sur une plaque à biscuits ou dans un plat allant au four, avant de les asperger d'un trait d'huile d'olive.
6. Cuire les tomates au centre du four de 10 à 15 minutes. Terminer la cuisson des tomates 5 minutes sous le gril (en les plaçant sur la grille supérieure du four pour les gratiner).
7. Servir les tomates tièdes.

Truc

Il faut retourner les tomates après les avoir vidées pour permettre au liquide de s'écouler. C'est aussi une bonne idée de recouvrir la plaque de cuisson de papier parchemin, pour éviter que les tomates n'y adhèrent en cuisant.

Birbe di pollo

Croquettes de poulet

JE NE CROIS PAS ME TROMPER en disant que la plupart des femmes surveillent leur poids à l'occasion. Par contre, ce soir, je me suis dit que vous prendriez congé. C'est pourquoi j'ai décidé de vous proposer ces délicieuses bouchées, qui ne sont pas du tout approuvées par Weight Watchers. Je vous promets toutefois que chaque calorie contribuera à votre bonheur !

1. Dans une poêle, chauffer un peu de beurre pour y faire sauter l'oignon, la carotte et le céleri afin de les attendrir. Laisser refroidir complètement avant de poursuivre.
2. Dans un grand bol, mélanger le poulet haché (cru), les légumes sautés, la crème et le cognac, jusqu'à ce que tous les ingrédients soient bien amalgamés. Assaisonner de sel et de poivre.
3. Façonner ensuite des boulettes de viande ayant approximativement la taille d'une balle de golf. (Ajouter un peu de chapelure au mélange s'il est trop liquide pour former des boulettes et qu'il a tendance à coller aux mains.)
4. Une à une, tremper les boulettes dans les œufs battus avant de les rouler dans la chapelure.
5. En utilisant une poêle en fonte ou une friteuse électrique, frire les croquettes dans l'huile à 185 °C (365 °F), jusqu'à ce qu'elles soient bien dorées.
6. Servir avec la sauce de votre choix.

Ingrédients
30 à 35 croquettes

- 15 ml (1 c. à soupe) de beurre
- 1 oignon émincé
- 1 carotte émincée
- 1 branche de céleri émincée
- 450 g (1 lb) de poulet haché
- 120 ml (½ tasse) de crème 35 %
- 120 ml (½ tasse) de cognac (ou de brandy)
- sel et poivre au goût
- 2 œufs battus dans un bol
- 200 g (1 ⅞ tasse) de chapelure de pain
- huile pour la friture

Truc

Pour éviter les risques liés aux bactéries et à la contamination croisée, tous les ingrédients doivent être froids quand vous intégrez le poulet cru au mélange. Enfin, si vos croquettes sont dorées et croustillantes sans être tout à fait cuites au centre, enfournez-les de 5 à 10 minutes à 190 °C (375 °F).

Bruschette al pepe rosa

Bruschetta au poivre rose

QUOI DE MIEUX qu'une bonne vieille bruschetta pour faire courir les doigts dans les amuse-gueules ? J'ai choisi celle-ci pour son raffinement qui, je crois, convient parfaitement aux dames. Une combinaison de sucré et de salé, relevée par la saveur subtile du poivre rose. J'ai bien failli l'appeler « la bruschetta *Sex and the City* », mais je me suis toujours fait dire de surveiller mon langage en présence des femmes !

1. Étendre un peu d'huile d'olive de chaque côté des tranches de pain. Dorer des deux côtés sous le gril du four.
2. Pendant ce temps, dans un bol, mélanger les trois fromages à l'aide d'une fourchette.
3. Sortir les croûtons du four et les garnir avec le mélange de fromage.
4. Verser le miel en filet sur les croûtons, en essayant de le répartir le plus également possible. Assaisonner le tout de quelques grains de poivre rose.
5. Savourer lentement pour voir la vie en rose.

Ingrédients
6 à 8 personnes

huile d'olive

1 baguette coupée en 24 tranches minces

70 g (2 ½ oz) de fromage gorgonzola

70 g (2 ½ oz) de fromage de chèvre

50 g (1 ¾ oz) de fromage mascarpone ou de fromage à la crème

60 ml (4 c. à soupe) de miel

poivre rose en grains

Truc

Si vous en avez la chance, utilisez du pain de campagne grillé sur le barbecue pour préparer cette bruschetta. Vous gagnerez du temps en préparant la garniture au fromage à l'avance. Assurez-vous toutefois qu'elle soit à la température de la pièce avant de l'étendre sur le pain.

Soupe aux carottes et au thym

ÉVIDEMMENT, si vous n'aimez pas les carottes, cette recette n'est pas pour vous. Par contre, si vous êtes du type « lapine », vous y trouverez certainement votre compte. La saveur douce des carottes se marie harmonieusement aux notes fumées du piment d'Espelette, tandis que la fraîcheur du thym vient parfumer le tout d'effluves aromatiques.

Ingrédients	6 personnes
45 ml (3 c. à soupe) d'huile d'olive	
150 g (⅓ lb) de bacon ou de pancetta en dés	
1 oignon en dés	
750 g (1 ⅔ lb) de carottes en cubes	
1 patate douce en cubes	
sel et poivre au goût	
4 branches de thym effeuillées	
5 ml (1 c. à thé) de piment d'Espelette moulu	
1,25 l (5 ¼ tasses) de bouillon de poulet ou de légumes	
parmesan râpé	

1. Dans une casserole de grandeur moyenne, chauffer l'huile d'olive et y faire revenir le bacon jusqu'à ce qu'il soit bien doré. Réserver un quart du bacon pour la garniture.
2. Ajouter l'oignon et poursuivre la cuisson jusqu'à ce qu'il soit translucide.
3. Ajouter les carottes et la patate douce et laisser cuire de 5 à 7 minutes.
4. Assaisonner de sel et de poivre. Ajouter le thym et le piment d'Espelette.
5. Ajouter le bouillon et porter à ébullition. Laisser ensuite cuire à feu doux de 15 à 20 minutes.
6. Retirer la casserole du feu et réduire la soupe en purée à l'aide d'un mélangeur à main.
7. Pour finir, garnir la soupe de bacon croustillant, de parmesan râpé et d'un trait d'huile d'olive.

Truc

Vous pouvez substituer la plupart des ingrédients de cette soupe, à l'exception des carottes. La pomme de terre ordinaire pourrait remplacer la patate douce. Le basilic pourrait prendre la place du thym. Le piment d'Espelette peut, quant à lui, céder sa place à du piment fort séché.

San Pietro agl'aromi

Saint-pierre aux herbes

VIANDE OU POISSON ? C'est la question que je me posais au moment de choisir un plat principal pour cette section dédiée aux dames. J'ai finalement pris le parti de la mer !

Ingrédients	4 à 6 personnes
60 ml (2 c. à soupe) d'herbes mélangées (romarin, thym, sauge, persil et origan séché)	
120 ml (½ tasse) d'huile d'olive	
1 gousse d'ail écrasée non pelée	
1 kg (2 ¼ lb) de saint-pierre (4 à 6 filets)	
50 ml (3 ⅓ c. à soupe) de vin blanc	
60 ml (4 c. à soupe) de fenouil haché (un mélange de tiges et de feuillage finement haché)	
sel et poivre au goût	
1 citron	

1. Dans un bol, émulsifier les herbes fraîches dans 60 ml (4 c. à soupe) d'huile d'olive. Réserver.
2. Chauffer le reste de l'huile d'olive dans une sauteuse et y faire brunir l'ail.
3. Ajouter les filets de poisson et les frire des deux côtés, jusqu'à ce qu'ils soient bien dorés. Déglacer la poêle au vin blanc avant d'y ajouter le fenouil.
4. Poursuivre la cuisson jusqu'à évaporation complète du liquide. Retirer alors la sauteuse du feu et assaisonner le poisson de sel et de poivre.
5. Garnir les filets avec l'émulsion aux herbes fraîches et les arroser d'un trait de jus de citron.

Truc

J'adore utiliser le saint-pierre pour cette recette. Par contre, le tilapia ou même la truite pourraient faire l'affaire. Quand vous hachez votre fenouil, assurez-vous d'utiliser le feuillage, car il ajoute beaucoup de saveur. Ne vous en faites pas trop avec les herbes. Bref, gardez en tête que cette garniture est idéale pour les poissons, et visitez le jardin pour exprimer votre créativité !

Fagliolini verdi alle arance rosse

Salade de haricots verts et d'oranges sanguines

CETTE SALADE ACCOMPAGNERA parfaitement le plat de poisson présenté dans cette section. Si vous aimez les barbecues, vous pourriez aussi la servir à vos invités pendant l'été (en remplaçant les oranges sanguines par des oranges régulières). C'est une salade savoureuse qui se prépare en quelques minutes. Un zeste de santé pour les douces moitiés !

Ingrédients	4 personnes
450 g (1 lb) de haricots verts parés et blanchis	
3 oranges sanguines parées en suprêmes	
30 ml (2 c. à soupe) d'amandes hachées et rôties	
30 ml (2 c. à soupe) de raisins secs réhydratés dans l'eau	
60 ml (4 c. à soupe) d'huile d'olive	
30 ml (2 c. à soupe) de vinaigre balsamique vieilli	
sel et poivre au goût	

1. Mélanger tous les ingrédients dans un saladier.
2. Assaisonner de sel et de poivre avant de servir.

Truc

Les haricots verts peuvent être remplacés par des pois mange-tout. La qualité de l'huile d'olive et du vinaigre balsamique fera toute la différence dans cette recette. Achetez des produits de grande qualité que vous utiliserez en petite quantité uniquement dans les vinaigrettes et les garnitures.

Truc

Essayez de trouver de la ricotta fraîche.
Plus elle contiendra d'humidité, plus
elle se mélangera facilement, sans qu'il
se forme de grumeaux. Vous pourriez
aussi ajouter un peu de chocolat au
mélange. Pour les enfants, remplacer
l'espresso par du lait au chocolat.

Mousse di ricotta all'espresso

Mousse de ricotta à l'expresso

RIEN NE PEUT FAIRE TAIRE un groupe de filles, sauf peut-être un dessert... En voici donc un que vous pourrez préparer une journée à l'avance. Il ne vous restera qu'à ajouter la garniture au moment de servir. Un petit apport de sucre pour faire tourner le moulin à paroles de plus belle! Bonne fin de soirée, mesdames.

Ingrédients	4 personnes
400 g (⅞ tasse) de fromage ricotta	
75 g (5 c. à soupe) de sucre	
240 ml (1 tasse) de crème 35 %	
4 blancs d'œufs	
120 ml (½ tasse) de café expresso froid	
chocolat noir concassé	

1. Dans un grand bol, bien mélanger la ricotta, le sucre et la moitié de la crème, pour obtenir un mélange aussi onctueux que possible.
2. Dans un autre bol, battre les blancs d'œufs en neige jusqu'à ce qu'ils forment des pics fermes.
3. Incorporer les blancs d'œufs au mélange de ricotta. Ajouter ensuite l'expresso petit à petit, en battant le mélange pour que la texture soit bien lisse. Réserver.
4. Dans un autre bol, fouetter le reste de la crème.
5. Servir la mousse de ricotta dans des tasses transparentes, en portions individuelles. Garnir la mousse d'une cuillerée de crème fouettée et décorer le tout de chocolat concassé.

Les gars

Soyons réalistes. Rien ne sert de se cacher la tête dans le baril de poulet frit : il y a un plaisir certain associé à l'idée de manger du *fast food*. Cela dit, en y mettant un minimum d'efforts, il est possible d'avoir tout le plaisir voulu sans avaler uniquement des calories vides. Ce chapitre propose des plats gourmands, préparés avec de bonnes choses. J'ai décidé de présenter ces plats dans un contexte de « journée de gars », pour jouer sur le cliché que les hommes, entre eux, mangent mal. Je ne sais pas si c'est entièrement vrai, mais c'est déjà arrivé ! Une chose est sûre cependant : si vous profitez de ces plats entre amis, vous me rendrez heureux.

Bouchées frites au fromage

APRÈS CETTE CONFESSION, mon médecin de famille risque de me téléphoner pour un examen d'urgence : je ne peux me passer de friture ! J'oserais même dire qu'il y a un fétichiste de la friture en chacun de nous. Je vous promets aussi que ces bouchées ne feront rien pour diminuer votre amour de la friture.

Ingrédients	12 à 15 brochettes
200 g (7 oz) de prosciutto cotto, une grosse tranche de 1 cm (⅜ po) d'épaisseur	
100 g (3 ½ oz) de fromage mozzarella	
100 g (3 ½ oz) de fromage emmental	
2 œufs	
chapelure	
huile de tournesol	

1. Couper d'abord la tranche de jambon en morceaux de 2 cm x 2 cm (¾ po x ¾ po). Elle doit avoir 1 cm (⅜ po) d'épaisseur.
2. Couper ensuite les deux sortes de fromage en cubes de 2 cm (¾ po).
3. Piquer sur une brochette, dans l'ordre, un morceau de prosciutto, un morceau de fromage et un second morceau de prosciutto. Vous devriez pouvoir préparer de 12 à 15 brochettes avec cette quantité d'ingrédients.
4. Battre l'œuf dans un bol. Verser la chapelure dans un autre bol.
5. Tremper chaque brochette dans l'œuf battu avant de la rouler dans la chapelure. Répéter le processus pour que chaque brochette soit couverte de deux couches de chapelure.
6. Faire chauffer l'huile dans une sauteuse et y cuire les brochettes jusqu'à ce qu'elles soient dorées sur tous les côtés. La cuisson devrait prendre environ 3 minutes.
7. Servir les brochettes chaudes avant que le fromage ne fige.

Truc

Assurez-vous d'acheter du fromage ferme qui fond facilement. J'ai choisi d'utiliser de la mozzarella et de l'emmental, mais vous pourriez aussi prendre du fromage fontina ou même du provolone doux. N'oubliez pas de spécifier à votre charcutier qu'il vous faut une tranche épaisse de prosciutto cotto. Préparez les brochettes à l'avance et conservez-les au réfrigérateur, sur une plaque recouverte de papier ciré.

171

Truc

Pour préparer cette recette, essayez de trouver les extrémités des saucissons de mortadelle tranchés par le boucher. Elles sont habituellement trop petites pour être vendues en tranches et sont offertes, scellées sous vide, à un prix moindre. Si vous voulez démouler le pâté au moment de servir, laissez-le figer en recouvrant le fond du moule de pellicule plastique. Vous pourriez aussi laisser le mélange dans le moule et y piquer un couteau à tartiner. Les enfants adorent en mettre dans un sandwich.

Pâté di mortadella

Pâté à la mortadelle

J'AI CONCOCTÉ cette recette pour la compagnie de charcuteries Fontino Mondello. Quand je leur ai fait goûter ce pâté, je crois qu'ils ont bien apprécié. C'est un délice sur des croûtons chauds, qui peut très bien remplacer les cretons traditionnels au déjeuner.

Ingrédients	500 ml (environ 2 tasses)
350 g (¾ lb) de mortadelle	
200 g (7 oz) de ricotta	
40 g (1 ½ oz) de fromage à la crème	
80 g (3 oz) de pistaches écalées	
15 ml (1 c. à soupe) de moutarde de Dijon à l'ancienne	

1. Passer tous les ingrédients au robot culinaire pour former un mélange onctueux.
2. Verser le tout dans un moule et laisser figer de 4 à 6 heures au réfrigérateur.

« Lobster roll » de la côte du Maine

DEPUIS MAINTENANT TROIS ANS, ma conjointe et moi nous rendons chaque année sur la côte américaine pour satisfaire ma rage annuelle de homard. Quand vient l'heure de se régaler sur le pouce, les *lobster rolls* sont un plat de prédilection : un petit pain bien beurré, une bonne dose de chair de homard et un peu de laitue suffisent à faire de moi un homme heureux !

1. Faire bouillir une grande marmite d'eau salée et cuire les homards de 10 à 15 minutes, selon leur taille.
2. Arrêter la cuisson des homards en les rinçant à l'eau froide.
3. Quand les homards sont assez froids pour être manipulés, briser la carapace pour en extraire la chair. Hacher la chair en morceaux assez gros (au moins 1 cm, ou ⅜ po).
4. Dans un grand bol, mélanger la chair de homard avec la mayonnaise. Assaisonner et réserver.
5. Badigeonner l'extérieur des pains avec le beurre fondu, avant de les griller dans une poêle chaude jusqu'à ce qu'ils soient bien dorés des deux côtés.
6. Placer une feuille de laitue au fond de chaque pain et garnir du mélange de homard. Servir immédiatement !

Ingrédients — 4 sandwichs

2 homards vivants d'environ 500 g (1 à 1 ¼ lb)	
30 ml (2 c. à soupe) de mayonnaise	
sel et poivre au goût	
4 pains à hot-dog	
45 ml (3 c. à soupe) de beurre fondu	
4 grosses feuilles de laitue	

Truc

Vous pouvez acheter deux petits homards ou un gros homard pour préparer cette recette. Rangez votre homard vivant au réfrigérateur en le couvrant d'un linge humide et tâchez de le cuire dans un intervalle de 12 à 18 heures. Laissez s'exprimer votre créativité dans cette recette. Changez de sorte de pain, ou de salade, ou encore préparez-vous une délicieuse mayonnaise au citron maison !

Truc

Vous pouvez facilement remplacer la dinde par du poulet, du bœuf ou du porc. Si vous ne trouvez pas de ciabattas, vous pouvez les remplacer par du pain ordinaire ou, encore mieux, par de la baguette française. Enfin, vous pouvez utiliser du mesclun plutôt que de la roquette.

Sandwich club dinde, roquette et bacon

IL S'AGIT D'UN AUTRE de mes sandwichs préférés. La riche garniture et la sauce au yogourt que je vous propose ici devraient vous faire sourire à chaque bouchée.

Ingrédients   4 sandwichs

800 g (1 ¾ lb) de poitrine de dinde coupée en lanières

30 ml (2 c. à soupe) d'huile d'olive

1 petit oignon haché finement

2 gousses d'ail hachées finement

175 g (6 oz) de tomates cerises

60 ml (4 c. à soupe) d'olives noires dénoyautées et coupées en quartiers

120 g (¼ lb) de roquette naine

10 à 12 tranches de bacon cuit

4 petits pains de type ciabatta

150 g (10 c. à soupe) de yogourt nature style balkan (6 % M.G.)

75 g (2 ⅔ oz) de crème sure

1 gousse d'ail écrasée

jus de 1 citron

1 petit concombre coupé en petits cubes

GARNITURE

1. Assaisonner d'abord les lanières de dinde de sel et de poivre et les enduire d'huile d'olive. Saisir les lanières de dinde dans une grande sauteuse ou sur le gril. Réserver.
2. Dans une grande poêle, chauffer l'huile d'olive et y faire revenir l'oignon et l'ail. Ajouter ensuite les tomates cerises et les olives, et poursuivre la cuisson de 3 à 5 minutes. Retirer du feu et laisser refroidir avant d'ajouter la roquette.
3. Bien mélanger le tout et réserver.
4. Mélanger le yogourt, la crème sure, l'ail, le jus de citron et le concombre. Assaisonner de sel et de poivre.
5. Couper les pains en deux et les griller au bar-becue des deux côtés. Distribuer la dinde et la garniture également sur chacun des pains et garnir le tout de sauce. Servir immédiatement.

Pizza cotto et taleggio

Pizza jambon et taleggio

MON LIVRE DE RECETTES ne serait certainement pas « mon » livre de recettes s'il ne contenait pas quelques recettes de pizza. À toute heure du jour ou de la nuit, pour me boucher un petit creux, je peux en manger une pointe. J'aime beaucoup cette pizza, car elle combine deux ingrédients que j'adore : le prosciutto cotto et le fromage taleggio. Quelqu'un veut de la pizza ?

1. Dans un grand bol, mélanger la levure, le sucre et l'eau. Bien amalgamer pour que tout se dissolve bien.
2. Dans un autre bol, mélanger la farine, la semoule et le sel.
3. Verser le mélange liquide dans le mélange sec.
4. Former une boule de pâte et la pétrir de 5 à 7 minutes, jusqu'à ce qu'elle soit lisse et ne colle plus à la surface de travail (il faudra peut-être ajouter un peu de farine).
5. Dans un endroit tiède, laisser reposer la pâte de 30 à 40 minutes, dans un grand bol couvert d'un linge à vaisselle. Après ce délai, le volume de la pâte devrait avoir doublé.
6. Retirer l'air de la pâte en la pressant avec les doigts. Pétrir de nouveau la pâte et la laisser gonfler une deuxième fois.
7. Rouler la pâte et la tendre sur la plaque à pizza.
8. Verser un filet d'huile d'olive sur la surface de la pâte et y répandre uniformément le basilic haché.
9. Ajouter, dans l'ordre, les tranches de jambon, les champignons, le parmesan, les tranches de taleggio et un filet d'huile de piments forts.
10. Cuire au four à 220 °C (425 °F) de 15 à 20 minutes.

Ingrédients   30 x 40 cm (12 x 16 po)

PÂTE

25 g (1 ⅔ c. à soupe) de levure de bière

15 ml (1 c. à soupe) de sucre

300 ml (1 ¼ tasse) d'eau tiède (un peu plus chaude que la température du corps)

325 g (2 ½ tasses) de farine « 00 » ou tout usage

70 g (½ tasse) de semoule

15 ml (1 c. à soupe) de sel

GARNITURE

huile d'olive

60 ml (¼ tasse) de basilic haché

4 à 6 tranches de prosciutto cotto

10 champignons café tranchés

180 ml (¾ tasse) de parmesan râpé

400 g (14 oz) de fromage taleggio tranché

huile de piments forts

Truc

Si vous ne trouvez pas de prosciutto cotto, utilisez simplement du jambon forêt noire ou, encore mieux, de la poitrine de dinde rôtie. Si vous voulez améliorer cette pizza toute simple, préparez-la avec un mélange de champignons sauvages. J'aimerais vous donner une autre suggestion pour le fromage, mais j'adore le taleggio ! Si vous n'en trouvez pas, optez pour un autre fromage qui fond facilement.

Pasta di Giuliano

CE CHAPITRE CONTIENT beaucoup de mes recettes préférées. Il va donc de soi que le plat de pâtes que je vous propose ici est préparé avec une sauce à la viande traditionnelle, relevée de salami et de fromage ricotta. Vous n'aurez jamais goûté une sauce aussi légère !

1. Dans une casserole, faire chauffer l'huile pour colorer l'oignon et l'ail. Ajouter la carotte et le céleri, puis la pancetta et le veau.
2. Laisser cuire environ 5 minutes, ou jusqu'à ce que l'eau des légumes soit complètement évaporée. Ajouter le vin et laisser réduire à sec.
3. Verser ensuite le coulis de tomates. Assaisonner de sel et de poivre.
4. Réduire le feu et laisser mijoter 25 minutes.
5. Cuire les pâtes dans l'eau salée jusqu'à ce qu'elles soient al dente.
6. Égoutter les pâtes avant de les incorporer à la sauce et d'ajouter le persil.
7. Servir en portions individuelles et garnir d'un peu de salami haché, d'une cuillère de ricotta et de parmesan au goût.

Ingrédients   4 personnes

60 ml (4 c. à soupe) d'huile d'olive

1 oignon émincé

1 gousse d'ail broyée

1 carotte hachée finement

1 branche de céleri hachée finement

70 g (2 ½ oz) de pancetta émincée en julienne

600 g (1 ⅓ lb) de veau haché

100 ml (6 ⅔ c. à soupe) de vin blanc

200 ml (⅞ tasse) de coulis de tomates

sel et poivre au goût

400 g (14 oz) de mezzi ziti (ou d'autres pâtes courtes)

30 ml (2 c. à soupe) de persil haché

80 g (2 ¾ oz) de salami en petits dés

125 g (¼ lb) de ricotta égouttée

60 ml (4 c. à soupe) de parmesan

Truc

Essayez de préparer cette sauce en utilisant d'autres sortes de viandes. Un mélange de porc, de veau et de bœuf hachés ferait sûrement très bien l'affaire. Si vous n'êtes pas fou du salami, remplacez-le par du capicollo ou du jambon cuit ordinaire.

Braciole di maiale grigliate al basilico

Côtelettes de porc grillées au basilic

JE NE POURRAIS M'IMAGINER passer une journée ou une soirée de gars sans utiliser le barbecue (quand, bien sûr, la température le permet). Cette recette devait faire partie de la section « Gros barbecue » de ce livre, mais j'ai choisi de dédier ce délicieux secret aux hommes qui cuisinent entre eux. À table, messieurs !

Ingrédients   4 personnes

1 poignée de persil italien
1 poignée de basilic frais
240 ml (1 tasse) de chapelure
120 ml (½ tasse) d'huile d'olive
sel et poivre au goût
4 côtelettes de porc
2 citrons en quartiers

1. Passer le persil, le basilic, la chapelure et l'huile d'olive au mélangeur pour obtenir une sorte de pâte verte. Assaisonner de sel et de poivre.
2. Verser le mélange de basilic dans un bol peu profond et y ajouter les côtelettes de porc. Mélanger le tout pour que les côtelettes soient bien enduites de garniture. Laisser mariner au réfrigérateur une heure ou deux.
3. Faire chauffer le barbecue à plus de 250 °C (475 °F) et huiler la grille.
4. Cuire les côtelettes de porc 5 minutes de chaque côté. Éteindre ensuite un côté du barbecue et y transférer les côtelettes. Poursuivre la cuisson à la chaleur indirecte environ 10 minutes.
5. Servir les côtelettes de porc chaudes, en les arrosant de jus de citron fraîchement pressé.

Truc

J'adore cette façon d'apprêter les viandes grillées. Ce genre de marinade aux herbes peut accompagner le porc, bien sûr, mais aussi le poulet ou le veau. Selon la viande que vous utilisez, vous pouvez également ajouter du thym et du romarin haché au mélange. Soyez créatifs et essayez différentes combinaisons d'herbes.

Rôti de bœuf simple et une touche d'herbes

MA MÈRE EST UNE CUISINIÈRE hors pair, mais j'ai toujours trouvé que son traditionnel rôti du dimanche manquait un peu de couleur. Quand ma mère a goûté le rôti que je vous propose ici, elle m'a donné son approbation. J'espère que vous en ferez autant !

Ingrédients
4 à 6 personnes

1 à 1,5 kg (2 ¼ à 3 ⅓ lb) de côte de bœuf sans os

sel et poivre au goût

60 ml (4 c. à soupe) d'huile d'olive

1 poignée de basilic frais haché finement

2 ou 3 tiges de romarin frais haché finement

2 ou 3 tiges de menthe fraîche hachée finement

1 ou 2 gousses d'ail hachées finement

1. Préchauffer le four à 220 °C (425 °F).
2. Assaisonner le rôti de sel et de poivre.
3. Dans une poêle de taille moyenne allant au four, faire chauffer l'huile d'olive et saisir le rôti sur tous les côtés, jusqu'à ce qu'il soit bien doré.
4. Quand le rôti est bien saisi, le transférer au four et le cuire 20 minutes.
5. Réduire ensuite le feu à 160 °C (325 °F) et poursuivre la cuisson de 35 à 45 minutes, en retournant le rôti aux dix minutes.
6. Dans un bol, mélanger les herbes et l'ail, et les étendre au fond d'une assiette. Au sortir du four, rouler le rôti dans le mélange d'herbes, pour l'enduire complètement.
7. Couvrir ensuite le rôti de papier d'aluminium et le laisser reposer de 10 à 15 minutes. Trancher et servir.

Truc
Assurez-vous d'acheter la meilleure viande possible. Mon choix d'herbes dans cette recette rend le rôti très savoureux. Ne vous limitez pas, toutefois, à mes recommandations. Suivez votre instinct et utilisez les herbes, et même les épices, que vous préférez. Et n'oubliez pas la moutarde de Dijon, pour accompagner la viande !

Pain doré aux pommes et au cheddar

NON, CE N'EST PAS un déjeuner. Il s'agit toutefois d'un plat très gourmand qui convient parfaitement au dessert. De toute manière, qui a dit que le pain doré devait être servi au déjeuner? Si vous voulez en faire un vrai dessert sans ambiguïté, remplacez le cheddar par une cuillerée de glace à la vanille. Oh, mon dieu...

1. Chauffer le beurre dans une poêle avant d'y ajouter les pommes. Cuire les pommes jusqu'à ce qu'elles soient molles et bien dorées. Mettre les pommes dans un bol et les saupoudrer de cannelle.
2. Préparer huit belles tranches épaisses de pain brioché.
3. Distribuer les pommes également sur quatre tranches de pain, ajouter du fromage et recouvrir le tout d'une seconde tranche de pain.
4. Dans un bol, battre les œufs et le lait.
5. Tremper chaque sandwich dans le mélange d'œufs et les cuire à la poêle, dans un peu de beurre, jusqu'à ce qu'ils soient bien dorés des deux côtés.
6. Garnir d'un peu de sucre à glacer et de sirop d'érable.

Ingrédients   4 personnes

15 ml (1 c. à soupe) de beurre

2 pommes pelées et coupées en petits cubes

2,5 ml (½ c. à thé) de cannelle

1 miche de pain brioché

120 ml (½ tasse) de cheddar vieilli râpé

2 œufs

180 ml (¾ tasse) de lait

sucre à glacer

sirop d'érable

Truc

Je vous suggère d'utiliser du pain brioché, que vous trouverez facilement dans les boulangeries. Vous pouvez également utiliser différentes sortes de pain, comme du pain aux raisins ou du pain blanc régulier. Enfin, c'est une bonne idée de préparer ces sandwichs à l'avance. Vous les trempez dans le mélange d'œufs quand vos invités arrivent, vous les jetez dans la poêle et... voilà !

Chocolat croquant

EN VIEILLISSANT, je vois mon penchant pour le sucre s'orienter singulièrement vers le chocolat. Il m'arrive même de me lever la nuit pour satisfaire ce besoin criant. Croyez-moi, ces bouchées font des miracles quand l'appel du chocolat se fait entendre. Et n'oubliez pas le verre de lait en accompagnement !

1. Faire fondre le chocolat et le beurre au bain-marie.
2. Quand le mélange a fondu, ajouter le miel et les flocons de maïs. Mélanger doucement pour ne pas briser les céréales.
3. Couvrir le fond d'une plaque de papier parchemin et y répartir tout le mélange en petites portions à l'aide d'une cuillère.
4. Réfrigérer la plaque pour que le chocolat durcisse.

Ingrédients une dizaine de bouchées

120 g (4 oz) de chocolat noir (64 % de cacao)

40 g (2 ¾ c. à soupe) de beurre

15 ml (1 c. à soupe) de miel

60 g (2 oz) de flocons de maïs

Truc

Il n'y a rien à ajouter pour cette recette. Elle est si FACILE !

Index

Merci !

À la production

Je tiens d'abord à remercier quatre proches collaborateurs qui, encore une fois, ont su me soutenir pendant les neuf longs mois qu'a duré la production de cet ouvrage.

Merci, Claudine Sauvé, d'avoir su magnifiquement photographier les plats, tout en capturant à ta manière l'esprit entourant leur création. Ce fut un plaisir de travailler avec toi une deuxième fois. Quand commence-t-on notre troisième projet ?

Merci, Jean-François Boily, mon ami, qui seconde ma voix depuis maintenant cinq ans. Ton don pour l'écriture est sans pareil. Merci d'avoir été là quand la pression s'est fait sentir. Profite bien de ces recettes avec Maurice, ton fils !

Merci, Anne Gagné, pour ton sens artistique et ton talent pour présenter les plats sous leur meilleur jour. Et sache que tes vaillants coups de main en cuisine ont été énormément appréciés.

Merci, enfin, Marie-Noëlle Klis, d'avoir su dénicher tous ces accessoires fabuleux qui contribuent à l'originalité du livre. Je me demande encore comment tu as fait pour trouver plusieurs d'entre eux !

À la famille

Évidemment, je n'aurais jamais pu écrire ce livre sans l'aide et l'appui des deux femmes de ma vie : Isabelle et Emilia. Merci, Isabelle, pour ta patience. Tes efforts m'ont permis de consacrer le temps nécessaire à ce projet. Il faudra absolument que je mette les bouchées doubles pour rattraper mon retard dans les changements de couches ! Merci, Emilia, car tu es la véritable inspiration de ce livre. J'espère que tu auras du plaisir à manger les plats de papa tout au long de ta vie.

Merci, maman, mon gourou, de me pousser à exceller dans le monde culinaire. Merci, papa, pour ton aide précieuse à la Quincaillerie Dante, quand il fallait que je m'absente pour aller prendre des photos. Tu peux maintenant voir sur papier le fruit de tes efforts !

Crissy, Giuliano, Giako et Gero... Je vous aime. Le temps que j'ai passé avec vous en Italie à cuisiner m'est infiniment précieux. Merci, Cristina, pour ta collaboration. Ce livre n'aurait jamais vu le jour sans toi.

Alan Humphrey, tu n'es pas un membre de ma famille, mais c'est tout comme. Tes connaissances du barbecue sont inestimables et je souhaite sincèrement que nous ayons un jour la chance de les réunir dans un livre.

À tous les autres !

Sans vous nommer (parce que j'oublierais sûrement des noms et que j'en ferais une paranoïa), je tiens à remercier tous ceux et celles qui viennent peupler les pages de sourires et de bouches pleines. Merci d'avoir savouré avec moi tous ces plats... J'espère que vous n'avez pas trop souffert !

Un mot, également, aux Éditions du Trécarré, qui m'ont laissé tout l'espace et toute la liberté dont j'avais besoin. Je tiens enfin à remercier l'Agence Maxime Vanasse, qui m'a beaucoup aidé à organiser le puzzle de mon horaire et qui m'a libéré de tous les soucis liés aux contrats.

Bref, merci à tous et... *ciao* !

Cet ouvrage a été composé en Archer Light 12/14 et achevé d'imprimer en septembre 2009 sur les presses de Solisco imprimeurs.